Teoria e Prática do
AMOR À CRIANÇA
introdução à pediatria social no Brasil

ORLANDO V. ORLANDI

Membro da Sociedade Brasileira de Pediatria
Presidente do Centro de Estudos da
Criança e do Adolescente — CECAd

Teoria e Prática do AMOR À CRIANÇA

introdução à pediatria social no Brasil

Jorge Zahar Editor

Rio de Janeiro

1985
Direitos para esta edição contratados com
Jorge Zahar Editor Ltda.
rua México 31 sobreloja
20031 Rio de Janeiro, RJ

Ficha técnica
Revisão: Carlos Alberto Medeiros (copy); Rocha, Lúcia Mousinho, Cláudio Estrella (tip.); *Capa:* Ruth Freihof; *Composição e Impressão:* Tavares e Tristão Gráfica e Editora de Livros Ltda.

CIP-Brasil. Catalogação-na-fonte
Sindicato Nacional dos Editores de Livros, RJ

Orlandi, Orlando V.
O79t Teoria e prática do amor à criança : introdução à pediatria social no Brasil / Orlando V. Orlandi. — Rio de Janeiro : Jorge Zahar Ed., 1985

Bibliografia.

1. Amor materno 2. Puericultura e Estado I. Título

CDD — 649.1
85-0662 362.7

ISBN: 85-85061-23-5

SUMÁRIO

PREFÁCIO

O sistema escolar já é amplamente estudado e visto como uma instituição que preenche duas funções estratégicas na sociedade moderna. A primeira é a reprodução da cultura e a segunda, a reprodução de uma estrutura hierarquizada, mantendo privilégios e, em sua maneira de agir, dissimulando uma aparência de neutralidade, de "inocência". Ora, sabemos todos que a ciência e suas instituições não podem ser neutras, "inocentes", estando sempre a serviço de interesses de grupos ou de classes, nada havendo de surpreendente, portanto, em que assim aconteça com a puericultura, com a educação, com a escola.

Meu trabalho procura demonstrar que a puericultura (assim como a educação, a família, a Igreja), se não cria a divisão em classes sociais na sociedade, contribui para sua reprodução. Também à semelhança da educação, que possui suas instituições escolares, onde exerce grande parte de sua ação ideológica, a puericultura possui as instituições dos programas materno-infantis, tais como os postos de puericultura, os consultórios de pediatria, os ambulatórios pré-natais, as maternidades, os berçários, as creches, os "clubes de mães", etc.

Também não fogem a essa regra os programas oficiais materno-infantis, estando sua ação em cada país marcada pelas suas condições históricas. Assim, acredito que muitos exemplos citados, apesar de terem ocorrido nas condições históricas brasileiras, possam ser comuns a outras sociedades capitalistas, principalmente as dependentes, embora outros sejam exclusivos de nossa história.

De qualquer maneira, acredito que a puericultura, através de suas instituições oficiais ou particulares, ajuda, de duas formas, o processo de reprodução da formação social do capitalismo: primeiro, contribuindo para reproduzir as forças produtivas e, em segundo lugar, contribuindo para reproduzir as relações de produção existentes.

É evidente que não tive a intenção de esgotar o assunto, apenas de abrir uma trilha para tão emocionante estudo e de estabelecer uma nova visão crítica da puericultura. Dentro dessa nova visão, são possíveis outras centenas de análises sobre os mais variados aspectos dos programas materno-infantis, não só no Brasil, como também em outros países.

Procurei traçar um esboço histórico do desenvolvimento da pediatria social e da puericultura, principalmente no Brasil, sem entretanto deixar de mostrar que esta, também entre nós, foi, com o tempo, transformando-se, como diz Boltanski,[1] não espontaneamente, mas como resultado de um empreendimento sistemático, iniciado no século passado e continuado até a atualidade. A puericultura obedece a um projeto amplo e ambicioso de interferir e regular a vida dos membros das classes pobres, em todos seus atos, incluindo os mais íntimos e mais privados, realizados no ambiente do lar.

Considero que meu trabalho se propõe analisar alguns aspectos fundamentais da puericultura. Trata-se tão-somente de um início de análise e não um estudo completo. Espero que ele incentive outros autores a estudar a criança sob os mais variados ângulos e não só sob o da educação, da psicologia e da pediatria, assuntos já bastante explorados em nossa literatura. Acredito na necessidade urgente de trabalhos de pesquisa dedicados à criança, sob outros aspectos, que venham enriquecer nossos conhecimentos sobre a infância brasileira. Acho também importantes os estudos sobre sua história (infância nos séculos XVIII, XIX e XX, a criança escrava, etc.), ao lado de estudos antropológicos e sociológicos — incluindo uma sociologia da criança brasileira — e muitos outros. Os pesquisadores de ciências humanas talvez ainda não se tenham apercebido de que a criança é um manancial inesgotável a ser estudado. Outros talvez tenham pensado em estudá-la, mas não encontram auxílios materiais para tal empreendimento.

---

1 Boltanski, L. *Puericultura y moral de clase*. Barcelona, Laia, 1974, p. 7.

Outro aspecto abordado, o qual considero polêmico, é a afirmação de que o amor materno nem sempre existiu. Tudo indica que ele foi ensinado às mães e nelas desenvolvido paulatinamente por puericultores, educadores e moralistas, ao longo dos últimos 200 anos. Tanto o desenvolvimento do amor materno como o do aleitamento realizado pela própria mãe foram frutos de uma política preconcebida pelo Estado moderno e colocada em ação pelos executores dos programas de puericultura. Muitos outros temas atuais serão discutidos.

Procurei adotar um estilo didático porque achei importante que os conceitos aqui emitidos pudessem ser facilmente compreendidos por uma gama mais ampla de leitores.

Quero deixar meus agradecimentos ao ilustre pediatra Dr. Jayme Vaisman e ao economista Sylvio Wanick Ribeiro, ambos amigos de muitos anos, pela leitura dos originais e pela troca de opiniões que muito me ajudaram na redação do trabalho.

Também agradeço à minha esposa, Lucilia, e aos meus filhos Ana Lúcia, Orlando Luiz e Paulo Henrique, pela colaboração em alguma pesquisa de material utilizado, pela leitura dos originais e pelas horas de lazer subtraídas de nossa vida em comum. Um agradecimento especial ao meu filho Cláudio Cesar, que teve a paciência de datilografar toda a obra.

Quero chamar a atenção e ressalvar que todas essas pessoas que me ajudaram não são responsáveis pelas opiniões emitidas no livro. Só eu respondo por elas.

ORLANDO V. ORLANDI

1

INTRODUÇÃO À TEORIA E PRÁTICA DO AMOR À CRIANÇA

Escrever a história da puericultura seria o mesmo que registrar parte da história da infância. Num e noutro sentido, muito pouco se tem feito. Nos livros de história da civilização, a criança costuma estar quase sempre ausente, como se não fizesse parte da humanidade. Os historiadores nunca deram importância às crianças e às ocorrências no interior dos lares; sempre ficaram mais ligados aos acontecimentos públicos, às guerras, aos generais, às artes, etc. Só recentemente, ou melhor, a partir deste século, começaram a aparecer estudos sobre a infância em outras épocas. Um dos mais conhecidos é o de Phillipe Ariès [1] e outro, também muito comentado, é o de Lloyd de Mause e colaboradores.[2] É interessante que suas teses centrais sejam opostas. O primeiro defende a idéia de que a criança, nos séculos passados, era mais feliz, podia misturar-se com pessoas de outras classes e de outras idades, e que a invenção em época moderna de um "estado especial chamado infância" deu origem a uma concepção tirânica da família, isolou a criança e destruiu a amizade e a sociabilidade infantis. Com isso, se de um lado as crianças passaram a desfrutar de maior atenção por parte dos pais, por outro ficaram privadas de liberdade. O segundo livro, que também trata da história da infância no Ocidente, tem origem psicanalítica, apesar de todos os autores serem historiadores. Lloyd de Mause sus-

---

[1] Ariès, P. *História social da criança e da família.* Rio, Zahar, 1979 (2.ª ed., 1981).

[2] Mause, L. de. *Historia de la infancia.* Madrid, Alianza Editorial, 1982.

tenta que não se pode dizer ter sido Freud quem descobriu a importância das relações pais-filhos influindo nas mudanças sociais, mas foi a partir dele que "nossa visão da infância adquiriu uma nova dimensão". Defende também, ao contrário de Ariès, "que a história supõe uma melhora geral da puericultura e que, quanto mais se retrocede no tempo, menos eficácia mostram os pais na satisfação das necessidades do desenvolvimento da criança. Isso quer dizer, por exemplo, que se nos Estados Unidos existem atualmente menos de 1 milhão de crianças maltratadas, deveria haver um momento histórico em que a maioria das crianças era maltratada segundo o significado que hoje damos a esse termo".[3] Quanto mais se caminha para o passado, mais baixo é o nível da puericultura e mais expostas estão as crianças à morte violenta, ao abandono, aos espancamentos, ao terror e aos abusos sexuais.

Numa análise geral, houve de fato melhora da situação das crianças no decorrer dos últimos séculos. Procuramos demonstrar, como se verá com a leitura dos próximos capítulos, que com a formação do Estado moderno houve interferência deste nas relações pais-filhos, com educadores e principalmente médicos de família e puericultores atuando sobre a evolução da família, colocando os filhos no centro da vida familiar. Como se verá também, a situação das crianças proletárias, nos séculos XVIII e XIX, na Inglaterra, foi das mais terríveis, enquanto os filhos das famílias burguesas eram cada vez mais cercados de atenções. As condições de vida das crianças nos países capitalistas centrais melhorava *pari passu* com o progresso e a qualidade de vida das famílias em geral. Nos países colonizados e depois nos atuais países subdesenvolvidos, que correspondem a 2/3 da população mundial, as crianças continuam vivendo, em sua maioria, em situações terríveis. Estão aí a imprensa e os estudiosos, diariamente, mostrando os altos índices de mortalidade infantil, o abandono, a fome, a doença e a miséria dessas crianças. Os menores abandonados contam-se aos milhões. Vai se perceber, com a leitura dos pró-

3 *Ibid.*, pp. 17-18. Criança maltratada ou espancada é aquela que sofre abuso por parte dos pais ou responsáveis, causando-lhe traumatismos não-acidentais, tais como queimaduras, ferimentos, fraturas, escoriações, hematomas ou de outro tipo, que podem ter graus variados de intensidade e até causar a morte.

ximos capítulos, que o Estado e os puericultores ensinaram muito bem os pais burgueses a amarem seus filhos e a se angustiarem por eles, mas se esqueceram de ensinar o amor às crianças, sejam elas de que origem forem, independentemente de raça, classe ou religião. Os pais burgueses aprenderam a amar os próprios filhos, mas não os dos outros. Basta olhar as ruas das cidades dos países subdesenvolvidos para perceber o que ocorre com as crianças abandonadas, que dormem ao relento, famintas; e a insensibilidade das famílias burguesas, das classes privilegiadas e das autoridades diante da situação. Como de Mause, acreditamos na influência de Freud em mudar a "visão da infância", principalmente no que se refere às famílias burguesas. Mas acreditamos ainda mais que quem preparou o terreno e modificou os sentimentos paterno-filiais dessas famílias, no decurso dos últimos 200 anos, para possibilitar a imaginação e a criação de suas teorias sobre a infância, foi o trabalho infiltrante e contínuo do Estado moderno, através de seus educadores e puericultores, no interior do ambiente familiar. Essa atuação dos médicos de família se deu a partir do século XVIII, orientada por uma nova filosofia médica que surgia: a medicina social. Com o desenvolvimento científico do século XIX, e um conhecimento melhor da criança, de suas necessidades e de sua patologia, era natural que surgisse um ramo novo: a *pediatria social.* Mais recentemente, surgiu um ramo da sociologia ao qual se deu o nome de *sociologia médica,* que Rosen [4] prefere chamar de *sociologia da saúde,* pois esse campo vem estudando mais a sociologia das instituições da saúde, do pessoal de saúde, de seus problemas, utilizando as ciências sociais para elucidar os aspectos sociomédicos da saúde e da doença. É o próprio Rosen que, no início de um trabalho seu, aborda o assunto da seguinte maneira:

> Os cientistas sociais tendem a enfatizar o caráter recente da sociologia médica. Mas se for vista como o estudo das relações entre os fenômenos da saúde e os fatores e contextos sociais, a sociologia médica tem profundas raízes históricas. Muito antes dos cientistas sociais terem identificado a sociologia médica como uma especiali-

---

4 Rosen, G. (org. por Nunes, E. D.). "A evolução da medicina social" *in Medicina social — aspectos históricos e teóricos.* São Paulo, Global, 1983, p. 72.

dade, homens interessados nos assuntos de Estado — economistas, médicos, reformadores sociais, historiadores e administradores — estiveram preocupados com problemas sociomédicos e ofereceram significantes contribuições para sua solução. De fato, a ciência da sociologia deve, em parte, sua origem a esta corrente de desenvolvimento.[5]

Esse estudo de Rosen é importante para todos que queiram conhecer a evolução da medicina social no Ocidente. No Brasil, de alguns anos para cá, houve grande desenvolvimento dos estudos da medicina social; sobre a pediatria social, porém, muito pouco se tem escrito.

A crise estrutural da medicina determina estudos apurados sobre as relações entre saúde e sociedade. Daí surgem questionamentos entre a medicina e suas instituições, de modo a provocar profunda revisão crítica. De acordo com Laurell, citado por Everardo Duarte Nunes,[6] essa reflexão crítica sobre a medicina nos países latino-americanos apareceu como resposta a quatro importantes grupos de fatores:

a) da observação de que a posição de classe explica muito melhor que qualquer fator biológico a distribuição da doença na população e o tipo de patologia predominante;

b) do equívoco da suposição "desenvolvimentista" de que as condições de saúde coletiva melhorariam como resultado automático do crescimento econômico;

c) da percepção de que o desenvolvimento da atenção médico-hospitalar não implicou um avanço substancial na saúde dos grupos por ela cobertos;

d) da noção de que a distribuição desses serviços entre os diferentes grupos e classes sociais — que se apresenta em relação inversa às necessidades de cada um — não depende de considerações técnicas e científicas, mas, principalmente, de considerações econômicas, políticas e ideológicas.

Esses aspectos são fundamentais e básicos, como diretrizes, nos estudos médico-sociais, e são da mais alta importância nas

---

5 *Ibid.*, p. 27.

6 Nunes, E. D. "Introdução" *in Medicina social — aspectos históricos e teóricos.* São Paulo, Global, 1983, p. 16.

pesquisas e na crítica das relações entre saúde infantil e sociedade. A esses quatro pontos, em se tratando de estudos relacionados à infância, é primordial que se junte outro, pelo qual a criança não seja tratada como "objeto". Em muitos estudos, a criança é vista como "coisa" ou "problema". O autor deste livro já foi convidado, certa vez, a fazer uma palestra em um curso de mestrado em psicologia, na área de estudos de problemas brasileiros, sob o seguinte tema: "O problema da infância no Brasil". Felizmente, teve a oportunidade de transmitir aos participantes que as crianças não constituem problema para um país subdesenvolvido, mas um país subdesenvolvido é que constitui o grande problema para as crianças pobres que nele vivem. Ou melhor, as crianças não são um problema brasileiro; os problemas brasileiros é que o são para as crianças brasileiras. Elas não podem ser tratadas como coisas ou objetos. São pessoas brasileiras como qualquer um de nós, passíveis de sofrer as conseqüências da exploração, pois estão inseridas no processo produtivo da sociedade. Na batalha entre as classes sociais, as primeiras vítimas a tombar são as crianças. Parece que isso sempre ocorreu na história da humanidade.

Outra advertência aos que estudam a infância é que ela é uma abstração se não a estudarmos dentro das classes sociais a que pertencem as crianças. Costuma-se definir a criança em relação a sua "natureza" ou em oposição ao adulto, quanto à falta de idade ou a sua "imaturidade". Falar da infância de maneira geral é abstrair a idéia de infância. Existem, na verdade, várias populações infantis, como adverte Souto, citado por Kramer;[7] é preciso ter sempre em mente que ao fator idade estão associados outros desempenhos ligados à classe social a que pertence a criança, e que sempre ocorre a participação dela no processo produtivo. Deve-se também considerar o tempo de escolarização no interior da família e da comunidade, as atividades diárias (tarefas assumidas, brincadeiras, etc.), fatos que diferenciam as crianças, segundo a posição de sua família na estrutura socioeconômica. Não pode, portanto, existir uma população infantil homogênea; há que se

---

[7] Kramer, S. *A política do pré-escolar no Brasil. Arte do disfarce.* Rio, Achiamé, 1982, p. 15.

perceber diferentes populações infantis, de acordo com sua classe e socialização.

Quanto à idéia que se faz de infância, acontece coisa parecida. No Brasil, existem vários aspectos culturais e políticos, além dos sociais, que interferiram na evolução das idéias sobre infância e na estrutura familiar e que serão vistos e analisados em capítulos posteriores. As transformações sofridas pela família nestes últimos séculos foram simultâneas e inseparáveis das mudanças de idéias sobre a infância. Modernamente, o sentimento de infância corresponde a duas atitudes contraditórias: uma considera a criança ingênua, inocente e graciosa, e é traduzida pelas *festinhas* e *paparicações* dos adultos; a outra se contrapõe a essa, tomando a criança como ser imperfeito e incompleto que necessita da moralização e da educação realizada pelo adulto. Daí preservá-la da corrupção do meio, mantendo sua inocência, desenvolvendo seu caráter e sua razão. Na verdade, essas noções de inocência e razão não se opõem — pelo contrário, são os elementos básicos que fundamentam o conceito de criança como "essência" ou "natureza", e é a partir dele que todas as crianças são consideradas iguais (ideal abstrato de criança). É importante perceber a importância desse sentimento burguês de infância para a concepção atual de criança, quando se quer fazer acreditar numa essência infantil desvinculada das condições de existência, ou seja, na criança universal, idêntica, quaisquer que sejam sua classe social e sua cultura.[8]

IDÉIA DE INFÂNCIA NA PEDIATRIA E NA PUERICULTURA

Cada disciplina elabora uma diferente representação da infância. Cada qual vê a criança de um ponto de vista próprio. Assim, podem-se ter vários conceitos de criança, conforme a visão, por exemplo, da pedagogia, da antropologia, da psicologia, da sociologia, etc. A pediatria e a puericultura* têm também modos pró-

8 *Ibid.*, p. 18.

* A pediatria é a medicina da criança e a puericultura é um ramo da higiene que cuida das crianças sadias para mantê-las sadias. Pediatra

prios de ver. Como ocorre em todas as disciplinas, esse conceito é evolutivo quanto à maneira de ver e lidar com a criança.

A puericultura como primeira educação é antiga, tem a idade do homem. Por mais primitiva e mais velha que seja uma cultura, sempre as mães tiveram um "jeito", uma "forma" de cuidar dos filhos. Mas a puericultura só veio a se tornar científica a partir da era pasteuriana. Já a pediatria é uma "especialidade" relativamente recente, pois tem pouco mais de um século. Eram os médicos de adultos que tratavam as crianças; com o tempo, começaram a sentir que as doenças das crianças tinham características clínicas próprias e que deveriam ser tratadas com técnicas diferentes das empregadas com os adultos. A criança, a partir daí, começou a ser vista não mais como um "adulto em miniatura". Até há poucas décadas, o pediatra interessava-se unicamente pelas doenças das crianças do ponto de vista orgânico, como se elas não pudessem ser afetadas por distúrbios emocionais e afetivos. Aliás, até hoje algumas escolas médicas dão pouca atenção ao ensino dos problemas psicológicos da infância na formação de médicos e especialistas em pediatria. Quanto à pediatria social, só recentemente é que algumas escolas começaram a lhe dedicar cargas horárias, a ver a criança como um ser social com uma patologia, em grande parte, ligada aos fenômenos socioeconômicos.

Atualmente, a pediatria vê a criança como o ser humano em crescimento e desenvolvimento, abrangendo seu interesse desde o embrião e o feto, no ventre materno, até o final da adolescência. Crescimento significa alterações no tamanho da criança e de seus órgãos. Desenvolvimento é a diferenciação da forma ou função com alterações emocionais e sociais, em grande parte moldadas por circunstâncias ambientais. A pediatria atual reconhece que são inúmeros os fatores que interferem e se inter-relacionam no grau de potencial biológico do crescimento e desenvolvimento do ser humano: o genético e o nutricional, este ligado ao crescimento, mas que, geralmente, é parte do fator socioeconômico. Os fatores

---

e puericultor confundem-se na prática. Aquele que trata da criança doente também é o orientador dos cuidados que ela deve ter quando está sadia. Quanto à maneira de ver a criança, há algumas diferenças entre uma e outra disciplina, as quais serão consideradas no decurso da abordagem do tema.

sociais e emocionais são atualmente considerados importantes. O fator traumático pode atingir o crescimento desde a vida fetal até a pós-natal, e ser produzido por agente mecânico, químico, infeccioso ou imunológico. Os fatores culturais não são menos atuantes no desenvolvimento das habilidades e da capacidade intelectual da criança. É evidente que o fator político é da mais alta importância, pois é ele que determina a prioridade assistencial à mãe e à criança, em qualquer sociedade.

Atualmente, a pediatria vem se interessando pelo estudo do desenvolvimento emocional e da aprendizagem da criança. A cada dia, os pediatras são mais solicitados pelos pais para fornecerem orientação sobre esses assuntos.

A puericultura elabora uma representação da criança um pouco diferente da pediatria. Ela vê a criança dentro de um padrão de "normalidade ideal". Assim, quem analisa e manuseia os livros brasileiros de puericultura e os "guias das mães" editados nestas últimas décadas pode observar que estão repletos de dados (tabelas de medidas, de peso, de estaturas para cada idade) e que a representação descritiva e fotográfica da infância é sempre de crianças gordinhas, brancas, bem-humoradas e sorridentes. É a criança ideal das classes média e alta. As tabelas com valores, muitas vezes rígidos, sem variações da normalidade, e as tais fotografias encontradas nesses livros levam as mães a momentos de angústia e os pediatras a grandes perdas de tempo para explicar — nem sempre convencendo os familiares — que existe uma variação em torno da normalidade infantil.

Apesar de todos os problemas que envolvem o conceito de normalidade, a puericultura tem como objeto a criança normal. Propõe fazer com que a criança seja gerada e nasça sadia, cresça e se desenvolva em perfeita saúde até o término da adolescência. Isso é o que aparece explícito nos livros de puericultura, mas na verdade existem outros objetivos, nem sempre confessáveis, que se podem perceber com a análise cuidadosa do discurso dos puericultores e técnicos oficiais. A criança passa a ser uma ponte de acesso ao interior dos lares, para uma ação facilitada sobre a vida familiar.

Na verdade, com o passar do tempo, a puericultura foi se tornando cada vez mais abrangente e utilizada pelas classes dominantes, através do Estado moderno, desde o século XIX, com a finalidade de agir, principalmente, sobre as pessoas das classes pobres, para regular as ocorrências mais íntimas da vida familiar. Esse desenvolvimento da puericultura não foi espontâneo; foi, pelo contrário, uma organização aos poucos planejada, até atingir aquilo a que atualmente os governos dão o nome de programas de saúde materno-infantil. Esses programas utilizam as mais variadas técnicas e uma série de profissionais numa atividade multidisciplinar (puericultores, pediatras, obstetras, ginecologistas, psicólogos, assistentes sociais, técnicos em controle de natalidade, nutricionistas, etc.) e passam a influir não só nas relações afetivas entre mãe e filhos, mas também nas relações mais íntimas (até sexuais) entre marido e mulher. É o caso do chamado "planejamento familiar" realizado pelo Governo, incluindo o uso do DIU no Plano de Assistência Integral da Mulher e da Criança. Esses programas diferenciam "controle de natalidade" de "planejamento familiar". O primeiro seria uma intervenção explícita do Estado sobre a fecundidade e natalidade de uma população, através de meios que incentivem ou desincentivem a natalidade. O planejamento familiar ocupar-se-ia em atender as pessoas quanto ao número de filhos que desejam ter e, a partir daí, ensinar-lhes os meios disponíveis para atingir esse objetivo. Mas a verdade é que se trata de uma questão semântica, pois, com o nome de planejamento familiar, se faz mesmo é o controle da natalidade. A propaganda feita em torno do controle da natalidade é de tal modo que se tem a impressão de que o problema demográfico é o mais importante do país — com sua solução, se resolveriam todos os problemas econômicos e sociais, desde a mortalidade infantil e o desemprego, até a dívida externa! Um país com uma classe dominante adotando uma política incapaz de resolver a situação de crise e de fome empurra a "solução" do problema para a medicina, usando um programa de controle da natalidade. Com isso, pretende "tirar o corpo fora". É evidente que dirigentes e burocratas sabem não estar aí a saída, pois eles conseguem, sem dificuldade, abastecer de álcool os tanques dos automóveis das classes ricas, mas são incapazes de encher de comida os pratos da maioria dos brasileiros.

O problema não está no planejamento familiar, pois, se houvesse sinceridade na sua aplicação, até que seria correto. O que os dirigentes querem é transmitir a idéia de que a pobreza do país ocorre por culpa das famílias pobres, que têm muitos filhos, e não por sua própria culpa. Trata-se de ideologia cômoda para eles.

É, portanto, através dos programas de saúde materno-infantil, ou que outro nome tenham, que o Estado invade a intimidade dos lares e vigia até o leito conjugal.

Como se verá nos próximos capítulos, a puericultura passou a utilizar ideologias e conceitos pseudocientíficos com fins determinados. Essas ideologias são as mais variadas e atingem quase todos os capítulos da puericultura organizada como corpo científico. É interessante notar que a maioria dos próprios pediatras, puericultores e participantes dos programas de saúde materno-infantis não percebe que a puericultura não é "neutra", da mesma forma que ocorre com todos os ramos científicos. Na verdade, toda ciência é uma atividade social como qualquer outra, criada por homens que vivem concretamente em um ambiente social — portanto, irremediavelmente marcada pela sociedade em que se insere, refletindo todos os traços e contradições dessa mesma sociedade, tanto em sua organização quanto em suas aplicações. Quando se começou a perguntar "Como a ciência é materialmente produzida?" ou "Para quem é produzida?", as respostas deram início ao desmoronamento da torre de marfim em que a ciência residia. Ficou demonstrado ser utopia a ciência sem consciência, a idade da inocência acabou para ela. Evidentemente, se a ciência é produzida por homens concretos que recebem todas as influências da sociedade, possuidores de todos os defeitos humanos, capazes de simpatias e antipatias, é lógico que ela pode ser colocada a serviço de interesses industriais, econômicos e políticos, e não estritamente humanos.[9] Diante desses argumentos, a neutralidade científica deixou de ser mito. Assim também, a puericultura não é neutra nem inocente.

Muitas vezes, na ação puericultora dos programas materno-infantis, a criança deixa de ser o objeto da puericultura para se tornar instrumento pelo qual os executores dos programas (puericultores, obstetras, etc.) atingem objetivos completamente diversos dos propostos; e eles mesmos não percebem sua ação altamente política, passando também a ser instrumentos inconscientes de

---

[9] Orlandi, O. V. "Medicina tradicional em crise". *In* Orlandi, O. e Vervloet, A. E. *Homeopatia ou alopatia?* Rio, Marco Zero, 1983, p. 39.

uma política maior. Ao repensar a puericultura, o puericultor deverá estar repensando a sociedade. O papel do puericultor é sempre um papel biopolítico-social, como também o ato puericultor. Sempre que o puericultor deixa de fazer política, encoberto pela capa da pseudoneutralidade da puericultura, está fazendo uma puericultura das classes dominantes e não uma *puericultura dos desamparados,* uma *puericultura consciente.*

Fala-se muito na relação entre puericultor ou pediatra e mãe ou família; o problema dessa relação é importante para a puericultura, mas não é fundamental. A ênfase atribuída a essa relação desviou a atenção dos puericultores para um aspecto até certo ponto secundário da puericultura, pois o problema central é a relação da puericultura com a sociedade. Dar excessiva atenção à relação puericultor-mãe é ocultar os verdadeiros problemas da puericultura.

Uma puericultura retrógrada, reacionária, formará por certo famílias, pais e crianças submissos, dóceis, incapazes de participar e de reivindicar. A prática consciente de uma puericultura não-reacionária é ativa e cheia de ternura, é inovadora e criativa em benefício dos desamparados; não é uma cópia servil das práticas de países industrializados que, no afã de se "mostrar em dia com a ciência dos centros adiantados", invade cada vez mais a intimidade das células, à busca das causas das doenças infantis nos microscópios eletrônicos, e se esquece de que a mais importante causa das doenças de nossas crianças está nas relações sociais, econômicas e políticas. Há uma necessidade de se "descolonizar" a puericultura e a pediatria brasileiras. A leitura dos próximos capítulos talvez venha a surpreender alguns pediatras e puericultores por nunca terem pensado que seu mister, muitas vezes, é altamente político; outros até se surpreenderão por terem agido como inocentes ideológicos em certas situações junto às famílias. Outros não; sabem o que estão fazendo.

PUERICULTURA E EDUCAÇÃO

A puericultura tem algo em comum com os problemas da educação. De fato, ela é, além de outras coisas, a primeira educação das crianças. Desde o momento do nascimento e atualmente desde a vida fetal, no interior do útero, o puericultor já interfere na existência do ser humano. É em torno do pré-escolar, principalmente nas creches e escolas maternais, que ocorrem os maiores contatos entre a puericultura e a educação.

Em 1948, foi fundada a Organização Mundial para a Educação Pré-Escolar (OMEP), com a finalidade de atender a crianças na faixa etária de zero a sete anos, de todas as classes sociais. Como o próprio nome indica, é uma organização educativa e internacional, desvinculada de governos, e que por seus estatutos pode receber adesões de qualquer pessoa ou organização, sem distinção de religião, raça ou nacionalidade.

Em 1953, foi fundado no Rio de Janeiro o Comitê Nacional Brasileiro da OMEP. Também o UNICEF se preocupa com o pré-escolar. Em 1965, o antigo Departamento Nacional da Criança teve estreitos contatos com o UNICEF em torno da educação pré-escolar. É, entretanto, a OMEP que mantém a maior atuação na educação pré-escolar, através de convênios com o Ministério da Saúde, o Ministério do Trabalho e a LBA. Esta, em 1974, se propôs executar o Projeto Casulo, visando a assistência a crianças de zero a seis anos.

Em 1975, foi criada no Ministério da Educação e Cultura uma Coordenação de Educação Pré-Escolar (Coepre), com a finalidade de desenvolver um plano de educação para crianças dessa faixa.

Na educação do pré-escolar, predomina, em muitos casos, uma atitude assistencial, com a idéia de que as crianças das classes pobres nada recebem em casa do ponto de vista intelectual e afetivo, pelo que sofrem de privação cultural, precisando ser preparadas para freqüentar a escola de primeiro grau. O objetivo principal, portanto, seria desenvolver nessas crianças uma *educação compensatória.* Esse tipo de educação foi concebido nos Estados Unidos e na Europa, e já sofreu várias críticas, com estudos e avaliações desses programas indicando resultados extremamente duvidosos. A abordagem da privação cultural teve, entretanto, papel político positivo no pensamento pedagógico, mostrando que o fracasso escolar não se deve à desigualdade individual, como defendiam as teses do fatalismo biológico. Essa abordagem, no entanto, engendrou um fatalismo sociológico, culpando o meio, e serviu a pedagogias da compensação que pretendem corrigir a desigualdade social através da ação pedagógica, negando assim a própria desigualdade social.[10] O que se coloca como crítica importante à abordagem da privação cultural, como na educação compensatória, é o fato de ela esconder que as verdadeiras causas do fracasso escolar estão na infra-estrutura socioeconômica da sociedade, isto é, na divisão da sociedade em classes sociais.

A escola não é neutra nem apolítica. É um aparelho ideológico do Estado, que Baudelot e Establet analisaram em um livro já clássico, intitulado *A escola capitalista*.[11] Eles colocam em evidência a existência de duas redes de escolarização, opostas em suas práticas escolares e que atendem às classes sociais a que se dirigem. Mostram também que o ensino primário é o lugar principal em que se efetiva a divisão das duas redes de escolarização das classes sociais.

Como se poderá ver com a leitura dos próximos capítulos, os programas de saúde materno-infantis constituem também um aparelho ideológico do Estado. Mas se em alguns pontos seus elementos de ação ideológica podem coincidir com os do aparelho escolar, muitos outros se diferenciam, constituindo verdadeiro sistema autônomo. A maneira como a escola se relaciona com a família é completamente diferente da atuação dos programas de saúde materno-infantis. O puericultor penetra mais profundamente na intimidade dos lares do que o professor. Além do mais, a puericultura cria técnicas, objetos e materiais para o desenvolvimento da criança e para outros objetivos muito diferentes dos da educação.

A CRIANÇA COMO VÍTIMA DO DESAMOR E DA VIOLÊNCIA

O desamor às crianças e as violências cometidas contra elas têm uma história tão antiga como a da própria humanidade. É preciso notar, entretanto, que muitos fatos considerados violentos sob a ótica de nossa cultura atual podem parecer diferentes na visão cultural de outros grupos humanos. Por exemplo, com relação aos

---

10 Kramer, S. *A política do pré-escolar no Brasil — A arte do disfarce.* Rio, Achiamé, 1982, p. 36.

11 Baudelot, C. e Establet, R. *La escuela capitalista.* México, Siglo XXI, 4.ª ed., 1977.

primitivos, o infanticídio, a exposição e o abandono de crianças, como também o problema do espaçamento entre os partos, têm sido estudados sob o ponto de vista do controle da natalidade e da questão demográfica.

Muito elucidativo é o comentário de Godelier [12] sobre o espaçamento dos nascimentos, as leis de população das sociedades de caçadores-coletores e sua reprodução demográfica, baseado em trabalhos de Richard Lee a respeito dos bosquímanos do deserto de Kalahari (sul da África). Entre os bosquímanos, as mulheres praticam a coleta de plantas silvestres e proporcionam 2/3 da alimentação consumida por seu "acampamento" que se compõe de 10 a 50 indivíduos e se situa a menos de dois quilômetros de um ponto de água. Richard Lee calculou que uma mulher adulta percorre 2.400 quilômetros, em média, por ano, em atividades econômicas e de visita a outros bandos, e cobre metade dessa distância levando pesadas cargas de água, alimentos, lenhas e crianças. Estas são desmamadas aos quatro anos. Nos dois primeiros anos, a criança é levada constantemente pela mãe (2.400 quilômetros). À medida que a criança cresce, esse número se reduz a 1.800 quilômetros, aproximadamente, no terceiro ano, e 1.200 no quarto ano. São 7.800 quilômetros, em média, percorridos pela mãe, no curso dos quais ao peso da criança se acrescentam as outras cargas transportadas. Esse trabalho depende, antes de tudo, do espaçamento dos nascimentos. Calculou-se que, para um espaçamento de nascimentos de cinco anos, em 10 anos uma mulher teria tido duas crianças e o peso a transportar, em média, se teria reduzido a 7, 8 quilos. No caso de um espaçamento de dois anos (sem levar em conta a alta taxa de mortalidade entre seis e dezoito meses de idade), o peso a transportar seria de 17 quilos e, durante quatro desses 10 anos, de 21,2 quilos em média. Teoricamente, um espaçamento entre os nascimentos de ao menos três anos parece, pois, uma imposição demográfica colocada pelo modo de produção dos bosquímanos, o que foi verificado estatisticamente. Por outro lado, quando nascem gêmeos, um deles é morto no instante do nascimento; os bosquímanos praticam o infanticídio

---

[12] Godelier, M. *Economía, fetichismo y religión en las sociedades primitivas.* Madrid, Siglo XXI de España, 1974, pp. 249-251.

daqueles que nascem deficientes e se abstêm de relações sexuais por pelo menos um ano após cada nascimento. A prolongada amamentação materna impõe-se entre os caçadores-coletores pela ausência de alimentos facilmente digeríveis pelas crianças, os quais não se encontram entre os produtos alimentícios silvestres consumidos pelos bosquímanos. O leite materno é, portanto, não só fundamental, mas o único alimento de que dispõem, dado o nível de desenvolvimento das forças produtivas dos bosquímanos. As mesmas observações foram feitas sobre outros povos primitivos, mostrando que a amamentação materna prolongada não só forçava os grupos a limitarem seu número, como também diminuía a utilidade completa de uma mulher como parceira econômica. A instauração de um modo de vida sedentário, ao reduzir a mobilidade das mulheres, pode eliminar os efeitos biológicos negativos que o modo de vida nômade exerce sobre sua taxa de fertilidade e provocar uma tendência à expansão crescente da população.

A história do infanticídio ainda está por ser escrita. Entretanto, sabem-se muitas coisas sobre o assunto, desde a Antigüidade. O infanticídio de filhos legítimos e ilegítimos era praticado normalmente na Grécia e na Roma antigas; na Idade Média, reduziu-se ligeiramente o dos filhos legítimos, mas os ilegítimos continuaram a ser mortos até o início do século XIX.[13] As crianças eram atiradas nos rios, deixadas em esterqueiras e valas, fechadas no interior de vasos para que morressem de fome, outras vezes abandonadas em caminhos ou montes para que servissem de alimento aos animais selvagens ou presas para as aves. Toda criança que não fosse perfeita em forma ou tamanho, ou que chorasse demais ou muito pouco, geralmente era morta. Deixava-se viver o primogênito, principalmente se era do sexo masculino. As meninas tinham pouco valor. Em conseqüência, havia um predomínio da população masculina.[14]

Outros costumes vieram da Antigüidade, como o de sacrificar crianças em rituais de magia e o de emparedar meninos em muros ou enterrá-los em alicerces de edifícios ou pontes, com a finalidade de reforçar as estruturas. Esse último costume prevaleceu desde a

---

13 Mause, L. *Historia de la infancia.* Madrid, Alianza Editorial, 1982, p. 47.
14 *Ibid.*, p. 48.

construção das muralhas de Jericó até o ano de 1843, na Alemanha.[15]

É inquestionável que a taxa de infanticídio era bastante elevada nos países europeus até o século XVIII. Na Europa, no século passado, existiam "aldeias de amas-de-leite infanticidas", para onde mães enviavam seus filhos pequenos a fim de que fossem eliminados de várias formas. As nutrizes mercenárias provocavam a morte das crianças dando-lhes de comer algo que provocava "convulsões no estômago ou intestino", ou misturando gesso no leite para provocar o entupimento das entranhas.[16]

Na verdade, em outras épocas, a criança sempre esteve rodeada, desde o nascimento, por uma atmosfera de morte e de medidas mágicas para evitar doenças, como amuletos para afugentar as forças do mal e purificações com água fria, fogo, vinho, sangue e urina. Tais medidas chegaram até os tempos atuais. Moncorvo Filho, no começo do século, "confiscava" amuletos pendurados em crianças freqüentadoras do seu Dispensário. Isso mostra a ação repressiva adotada pelos puericultores. Em um trecho de sua *Higiene infantil,* ele diz:

> [...] tive o ensejo de mostrar ao avultado número de mães pobres que me ouviam, uma variada coleção de amuletos confiscados no "Dispensário Moncorvo", dos quais um grande número usado para combater os acidentes de dentição como: *o sabugo de milho, colares de caroços de feijão e de contas as mais variadas, a cabeça da casca de abóbora, os búzios, os colares elétricos (?) etc. etc.*[17] [grifos do autor]

Mais adiante, Moncorvo cita outros amuletos que considera nocivos, tais como colares de dentes de alho, caroços de azeitona, bentinhos que contêm enxofre, cânfora, etc. Ataca as crendices, como o mau-olhado, o ventre virado, a espinhela caída e o quebranto. "Esses preconceitos e a adoção dos mais esdrúxulos amuletos no seio de distintas famílias de nossa sociedade",[18] observados

---

15 *Ibid.* p. 51.

16 *Ibid.*, p. 55.

17 Moncorvo Filho. *Higiene infantil.* Rio, Imprensa Nacional, 1917, p. 445.

18 *Ibid.*, p. 449.

por Moncorvo, são ainda hoje, embora em número reduzido, constatados pela maioria dos nossos pediatras.

Havia também o costume, vindo da Antigüidade, de submeter as crianças à quase congelação, por imersão prolongada em água gelada, desde o nascimento, no batismo e em outras idades. Outras vezes, elas eram colocadas na neve. Esses costumes eram considerados terapêuticos, tendo o intuito de fortalecer as crianças. Não é de estranhar que um grande pediatra inglês do século XVIII, William Bucham, dissesse que quase metade da espécie humana morria na infância por tratos inadequados ou por descuido.[19]

Na Antigüidade, os meninos viviam desde tenra idade em ambiente de manipulação e abuso sexual. Na Grécia e em Roma, não era infreqüente a utilização sexual de meninos por homens adultos. Em todas as cidades, havia bordéis de rapazolas e, em Atenas, se podia alugá-los. Muitos meninos eram vendidos como mancebos. Os meninos eram utilizados sexualmente desde pequenos, mas a prática sexual, nesse caso, não era a estimulação oral do pênis, e sim a cópula anal.[20]

Dizia-se com freqüência, na Antigüidade, que a cópula com meninos castrados era especialmente excitante. Os meninos castrados eram os *voluptates* e preferidos na Roma imperial. A castração era realizada "no berço" e, depois, os meninos eram levados a lupanares. Paulo de Egina, citado por Mause, descreve o método comumente utilizado para castrar os meninos pequenos: "Como às vezes nos vemos obrigados, contra nossa vontade, por pessoas de alta classe a levar a cabo a operação [...] [esta] se efetua por compressão: o menino, ainda em tenra idade, é colocado em uma bacia com água quente, e depois, quando as partes ficam amolecidas no banho, apertam-se os testículos com os dedos até que desapareçam." [21]

Outra maneira era, simplesmente, cortar os testículos. Muitos médicos da Antigüidade fazem menção a esse tipo de operação, e Juvenal diz que tinham de realizá-la com freqüência. Houve época em que a castração dos meninos se tornou de tal maneira

---

19 Mause, L. *Historia de la infancia.* Madrid, Alianza Editorial, 1982, p. 59.

20 *Ibid.*, pp. 77ss.

21 *Ibid.*, p. 81.

freqüente que apareceram leis contra os castradores. A prática estendeu-se tão rapidamente a ponto de os próprios nobres mutilarem seus filhos para facilitarem suas carreiras políticas. Também se castravam meninos com fins "terapêuticos" para várias doenças. Ambroise Paré, médico famoso do século XVI, lamentava que houvesse tantos "castradores" sem escrúpulos, que cobiçavam os testículos de meninos para utilizá-los com finalidades mágicas e persuadiam os pais a que os deixassem castrar seus filhos.[22]

O abandono de crianças é outra forma de violência cometida desde o mundo primitivo até nossos dias. Nos próximos capítulos se verá um esboço da história do abandono de crianças no Brasil. Nos países subdesenvolvidos, atualmente, o abandono conta-se aos milhões.

Até o século XIX, na Europa, houve uma forma de abandono institucionalizada em que as crianças com pais acomodados passavam seus primeiros anos em casa de uma ama-de-leite e voltavam ao lar para ficarem sob os cuidados de empregados. Dele saíam novamente por volta dos sete anos de idade para servir, aprender um ofício ou ir à escola, de modo que os pais, dotados de alguns meios econômicos, dedicavam muito pouco tempo a criar seus filhos. Essa forma de abandono pelos pais, tão generalizada, era uma prova de desamor criticada e combatida pelos médicos e moralistas, desde há muitos séculos, pois era tida como causa da alta mortalidade dessas crianças.

Outro tipo de violência cometido contra as crianças e que varou os séculos são os castigos e espancamentos. Mause, já citado anteriormente, diz que os dados por ele reunidos sobre os métodos de castigar as crianças levaram-no a pensar que uma percentagem muito grande de crianças nascidas antes do século XVIII compunha-se do que hoje chamamos "criança espancada". À medida que diminuíram os castigos por espancamentos, no século XIX, começou a aparecer outro substitutivo, como fechar a criança em quarto escuro durante horas.

No decorrer das primeiras décadas deste século, foi-se firmando a idéia de que os espancamentos graves de crianças por pais, mães, parentes ou outros responsáveis se tornavam cada vez

---

22 *Ibid.*, p. 81.

mais raros. Por um longo período, não se tinha notícia pelos meios de comunicação e mesmo pelos livros especializados, como os de pediatria, sobre crianças espancadas brutalmente. Trabalhos aparecidos nos Estados Unidos, no fim da década de 50 e início da de 60, deixaram a classe médica, principalmente os pediatras, estarrecida com o fato de ainda ocorrerem, até com relativa freqüência, mortes de crianças espancadas pelos próprios pais. Logo apareceram, nos Estados Unidos e em vários países do mundo, trabalhos comprovando a ocorrência de abusos e agressões físicas em crianças, geralmente com idade abaixo de três anos. Antes da década de 50, os pediatras e médicos em serviço de emergência não ficavam prevenidos quando aparecia uma criança ferida, pois não estavam alertados para o fato de que esse menor pudesse ter sido espancado. Tinha-se a idéia de que todos os filhos pequenos eram amados pelos pais, não se acreditando que estes pudessem cometer agressões graves a seus bebês.

Muitas vezes, é difícil fazer o diagnóstico diferencial entre lesões causadas por acidentes ou por espancamentos ou maus-tratos. Os pais geralmente procuram enganar os médicos, afirmando que os ferimentos ocorreram em razão de quedas ou outros tipos de acidentes; por outro lado, as crianças pequenas não falam nem acusam o agressor. Muitas dessas lesões, fraturas ou queimaduras são graves, obrigando à internação das vítimas, e algumas delas morrem, tal é a gravidade dos espancamentos sofridos. Todos os anos, no Brasil, morrem milhares de crianças em cujos atestados de óbito figuram, como causa da morte, acidentes. Na verdade, não se pode dizer quantas dessas mortes foram causadas por espancamentos e abusos. Mas, quando o médico desconfia, um interrogatório bem-conduzido, muitas vezes, consegue a confissão dos pais.

Os estudos mostram que os pais que espancam os filhos, em 90% dos casos, foram também espancados, na infância, por seus próprios genitores. Em outros casos, o espancador tem problemas como alcoolismo, psicoses ou neuroses.

Na França, "a Liga Nacional para a Proteção da Infância Infeliz calcula que a qualquer momento se contam 25 mil crianças francesas surradas, esganadas, queimadas ou estranguladas. A França é uma prova cabal de que a violência não é exclusividade dos países pobres. Nos países ditos civilizados, a violência dos pais mata mais crianças do que a tuberculose, a coqueluche e a poliomielite juntas, diz escandalizado um relatório da União Internacional de Proteção à Infância, com sede em Genebra, na Suíça. Nos abastados Estados Unidos, registra-se anualmente 1 milhão de casos de maus-tratos — cifra que ascende ao ritmo de 12% ao ano — dos guetos pobres de Nova York às mansões endinheiradas da Califórnia".[23]

Por trás da conhecida imagem da família italiana unida e afetuosa, da *mamma* dedicada e abnegada, se esconde uma triste realidade de violência. Na Itália, 15 mil crianças são torturadas, feridas e espancadas cruelmente todos os anos. Cerca de 600 crianças são estupradas. Segundo dados do Ministério do Trabalho da Alemanha, cerca de mil crianças morrem anualmente em conseqüência de maus-tratos.[24]

Quando se analisa a evolução da assistência à infância nestes últimos séculos, até os nossos dias, parece que tudo foi feito apenas para aliviar a miséria da vida das crianças, nas cidades, que os movimentos reformistas agiam com fins exclusivamente humanitários. Apesar de ter havido, de fato, um progresso em todos os setores da vida social, a história da assistência à infância está ornamentada por uma série de mitos. Nem sempre a criação de instituições para esse fim se deu por motivos caridosos. Muitas vezes não havia amor à criança na criação de certas instituições; o que havia eram interesses em jogo, encobertos pelo manto do humanitarismo. Muitos desses interesses serão mostrados nos próximos capítulos.

Um exemplo típico a ser citado é o caso do movimento norte-americano, de fins do século passado, que recebeu o nome de Salvadores da Criança. Esse movimento contribuiu para a criação de tribunais de menores e instituições correcionais, com fins de enquadramento, julgamento, tratamento e vigilância dos jovens "inquietantes". Um autor norte-americano, Platt, fez minucioso estudo sobre os Salvadores da Criança.[25] Os participantes do movimento consideravam-se reformadores desinteressados que viam

---

23 "A dor doméstica". *Isto é,* n.º 386, 16-5-1984.

24 "Tortura de crianças na Itália abala a imagem da boa 'mamma' ". *O Globo*, 20-5-1984.

25 Platt, A. M. *Los "Salvadores del Niño" o La invención de la delincuencia.* México, Siglo XXI, 1982.

sua causa como questão de consciência e de moral, não favorecendo a nenhuma classe e a nenhum interesse político em particular. Os Salvadores da Criança viam a si mesmos como altruístas e humanitários, dedicados a salvar aqueles que tinham um lugar menos afortunado na ordem social. Esse movimento teve influência importante na criação dos primeiros tribunais oficiais para menores nos Estados Unidos, sendo que o primeiro nesse país parece ter sido o do Estado de Illinois, o qual serviu de modelo para outros Estados e países. O estudo de Platt acaba com o mito de que o movimento em prol da salvação da criança tivesse êxito na humanização do sistema de justiça penal, salvasse os menores dos cárceres e prisões e criasse dignas instituições judiciais e penais para os menores. Pelo contrário, o movimento contribuiu para criar um sistema que submetia cada vez mais os menores a castigos arbitrários e degradantes. É Platt quem afirma textualmente: "O movimento em prol da salvação da criança não era uma empresa humanitária para ajudar a classe operária contra a ordem estabelecida. Ao contrário, seu impulso procedia, primordialmente, da classe média e da superior, as quais contribuíram para a invenção de novas formas de controle social com o fim de proteger seu poderio e seus privilégios." [26]

O que não falta são "Salvadores da Criança" pelo mundo afora, que julgam estar fazendo muito pela infância. Há os que promovem festas e chás de caridade. Madames que se mobilizam para obter roupas ou ajuda a instituições. Outros que distribuem sorvetes, balas e brinquedos nos dias de Cosme e Damião, no Dia da Criança ou no Natal. Todos se julgam humanitários, caridosos e vão dormir, à noite, tranqüilos. Outros enchem seus filhos de presentes e brinquedos para substituir a ausência de amor. No dia seguinte a essas atitudes "caridosas", passam indiferentes à miséria das crianças abandonadas nas ruas e são capazes de linchar e matar um trombadinha ou pivete pelo roubo de um objeto qualquer. Logo pensam na inutilidade dessas crianças e de seus pais. A sociedade passa a utilizar métodos infalíveis para reduzir o número desses "inúteis", tais como a fome, a ignorância e a insalubridade. Mas há uma parte da população infantil que é con-

---

26 *Ibid.*, p. 21.

siderada "útil" e que deve ser bem cuidada e conservada porque é consumidora. Essa parte consome brinquedos, bicicletas, Ataris, roupas da moda, revistas infantis e de quadrinhos, fraldas descartáveis, papéis molhados com líquidos cheirozinhos para limpar o bumbum, vitaminas, alimentos sofisticados, enfim, tudo de uma indústria especializada que se enriquece à custa dessa infância. E não faltam os que querem demonstrar *status* através de seus filhos; e puericultores que incentivam as mães ao consumo de "utilidades" sofisticadas para suas crianças.

É preciso que os puericultores pensem em todos os fatos, que até agora só fizeram ensinar os pais a amarem seus filhos, mas que de agora em diante é preciso ensinar a todos a amarem as crianças, sejam ou não suas. Mas para isso é preciso repensar a puericultura, não em termos somente da criança, mas de sua relação com a sociedade e da modificação de sua estrutura. É preciso que as verdades sobre a situação e a realidade das famílias dos países subdesenvolvidos sejam ditas e ensinadas. É preciso que a puericultura deixe de ser instrumento para manipular pais e filhos em benefício de classes e grupos e passe a ser o que sempre deveria ter sido, uma força de proteção das crianças, e eleve as marginalizadas a uma situação em que possam desfrutar dos bens da sociedade a que pertencem. O puericultor precisa ser mais agressivo em defesa das crianças. Deve utilizar todos os meios a seu dispor em benefício dos menores desamparados e de seus pais. É preciso haver um mínimo de condições materiais para que floresça o amor, sem as quais, mesmo que ele esteja presente, não pode ser demonstrado. Como é que pais miseráveis podem demonstrar amor aos filhos, se lhes faltam meios para bem alimentá-los, educá-los, fornecer-lhes condições higiênicas e outras atenções? Sem as demonstrações de amor, tem-se a impressão de que ele não existe. Como ensinar o amor sem combater as causas da miséria? Nenhum opressor pode ensinar amor a um oprimido. Ambos são alienados, ambos são envolvidos por ideologias deformantes.

Daí a necessidade mais que urgente de uma puericultura consciente, onde, não essa ideologia, mas a verdade seja íntima do amor. O verdadeiro amor não admite mentiras.

2

DA MEDICINA SOCIAL À PUERICULTURA

A medicina social desenvolveu-se no século XVIII como um dos elementos de controle da sociedade pelo poder do Estado moderno que se formava. Com o crescimento populacional e principalmente urbano, em alguns países da Europa, surgia a necessidade de haver um domínio sobre essas populações com a finalidade de coordená-las e integrá-las, por meio de algum mecanismo, ao novo aparelho de produção que se firmava com o capitalismo. Para se ter nas mãos esse controle, havia necessidade de técnicas de estimativa demográfica. Quantos habitantes? Quantos em cada faixa etária? Quais as taxas de morbidade, mortalidade e natalidade? Qual a esperança de vida? Como se desenvolviam a educação e a formação profissional? Todos esses dados começaram a ser importantes para uma organização econômica estatal, para melhor sujeitar as populações, torná-las mais úteis e produtivas, e também incentivá-las a aumentar a natalidade. Começava assim a tecnologia da população.

A simpatia pelas vantagens de uma população em crescimento e a vontade de aumentar o número de habitantes de determinado país eram idéias predominantes no pensamento político do mercantilismo do século XVIII. As razões políticas, econômicas e militares determinaram o supremo objetivo de colocar a economia e a vida social a serviço dos poderes políticos do Estado. Um dos mecanismos usados para se atingir esse objetivo foi a utilização da medicina social sob a forma de "medicina de Estado". Iniciava-se assim seu desenvolvimento, na Alemanha do século XVIII, evoluindo para a idéia de uma "polícia médica" em meados desse século, a qual, porém, só foi posta em efetiva aplicação nas últimas décadas.

Foi nesse contexto político e ideológico que apareceram importantes trabalhos na Alemanha, como a obra de Johann Peter Frank, cujo primeiro volume foi publicado em 1779, e que se constituiu em marco dos primeiros estudos sobre as relações sociais da saúde e da doença.*

O que era a "polícia médica"? No século XVIII, a polícia era um conjunto de regulamentos e de instituições várias que não tinha só a finalidade de assegurar a ordem (função policial contra indivíduos perigosos, vagabundos, mendigos); ela também assegurava a regulamentação econômica (procedimentos de fabricação, circulação de mercadorias, obrigações profissionais) e tinha a atribuição de fazer obedecer as regras de higiene (abastecimento de água, limpeza de ruas, qualidade de gêneros alimentícios postos à venda). Foi essa última atribuição que entrou em efetiva aplicação no fim do século XVIII, passando o Estado a controlar as doenças das populações pobres, que assim deixavam de ficar aos cuidados exclusivos dos socorros de caridade.

A aplicação da polícia médica consistiu na utilização pelo Estado de vários meios de controle, como por exemplo: a observação mais apurada da morbilidade e mortalidade, pedindo-se aos hospitais e médicos das cidades e regiões a comunicação dos diferentes fenômenos epidêmicos ou endêmicos; a criação de departamento, a nível de ministério, na administração central, com a finalidade de subordinar os médicos e a prática médica a um poder superior; o aparecimento de uma normalização do ensino médico com o controle do programa curricular e da atribuição dos diplomas; a criação de funcionários médicos nomeados pelo governo com a responsabilidade sobre uma região, com autoridade de saber e domínio de poder. É o surgimento do médico como administrador de saúde.

Essa série de fenômenos novos, surgidos no final do século XVIII e início do século XIX, como a integração de médicos na

* Para um melhor estudo do surgimento da medicina social e da evolução da "polícia médica", ver os seguintes trabalhos: Rosen, G. "O cameralismo e o conceito de polícia médica" *in Da polícia médica à medicina social*, do mesmo autor. Rio, Graal, 1979; Foucault, M. *Microfísica do poder*, Rio, Graal, 2.ª ed., 1981 (os capítulos "O nascimento da medicina social", p. 79, e "Política da saúde no século XVIII, p. 193).

administração, a subordinação dos médicos a um poder central, a regulamentação da profissão, é o que caracteriza o que veio a se chamar a medicina de Estado.

Outro fator determinante do desenvolvimento da medicina social foi o crescimento das cidades. Por motivos políticos (freqüentes revoltas urbanas pelo crescimento das populações operárias pobres e famintas, saques a celeiros e entrepostos) e econômicos (com o início da industrialização, as cidades tornaram-se importante lugar de mercado e produção), houve a necessidade de controlar o desenvolvimento urbano. Principalmente nas grandes cidades, o medo e a angústia começam a aparecer entre os habitantes. Muitas dessas atitudes de pânico tinham origem nos problemas médico-políticos da localização urbana dos cemitérios e matadouros e na circulação de água e ar das cidades, fatores estes julgados causadores de epidemias freqüentes. É preciso lembrar que no século XVIII era crença predominante que o ar tinha influência sobre o organismo como veículo de miasmas, e que certos ventos e o ar frio ou muito quente, seco ou muito úmido, tinham influência maléfica. Enfim, o ar era um dos grandes fatores patogênicos. Daí a necessidade de abrir avenidas e melhorar o arejamento das cidades. Também foi importante o controle da distribuição de água e esgotos.

A medicina urbana é uma medicina do ar, da água, dos prédios, das condições de vida, enfim, uma medicina das coisas. Foi no século XVIII que surgiu, na França, a noção de salubridade como sendo a base material e social que assegura a melhor saúde possível aos indivíduos, e foi no século XIX que a técnica para sua aplicação político-científica passou a se chamar higiene pública.

Outra vertente da medicina social surgiu na Inglaterra, diferente da medicina estatal alemã e da medicina urbana francesa. Iniciou-se com a chamada Leis dos Pobres,[1] que beneficiava o

---

1 Mckeown, T. e Lowe, C. R. *Introducción a la medicina social.* México, Siglo XXI, 1981, p. 267. A primeira Lei dos Pobres, na Inglaterra, data de 1601. Só em 1834 veio a sofrer emenda. Essa lei só foi abolida em 1948, com a promulgação da Lei de Assistência Nacional.

pobre com a assistência, mas ao mesmo tempo o submetia a vários controles médicos. Com isso, a classe rica protegia-se com um cordão sanitário no interior das cidades, garantindo-se contra as epidemias que surgiam na classe pobre. Em 1875, começaram a funcionar, e rapidamente se espalharam por toda a Inglaterra, os chamados *serviços de saúde* (espécie de centros médico-sanitários), com a finalidade de controlar vacinações, fazer registros epidemiológicos, fiscalizar e destruir locais insalubres. Era um prolongamento da Lei dos Pobres. A medicina social tornava-se, assim, a medicina a serviço de uma classe. Controlava a saúde das populações pobres para torná-las mais capazes para o trabalho e menos perigosas para as classes mais ricas.

Dentro de uma visão geral, entretanto, desenvolvia-se em alguns países europeus uma política médica com o objetivo de o Estado ajudar as populações a terem melhor saúde. Para atingir tal objetivo, essa política assumia características diversas e originais, formas de atuação inexistentes até aquela época. Uma delas era o funcionamento da medicina como instrumento de controle social, privilegiando a higiene. Para se atuar nesse setor, era preciso o emprego de intervenções autoritárias. Mas, a par disso, os médicos precisavam ensinar aos indivíduos as regras da higiene pessoal, da alimentação, da casa e da região que habitavam, mostrando que esses princípios devem ser respeitados para que o indivíduo possa preservar sua saúde e a de seus semelhantes. Com isso, a medicina começa a assumir um lugar cada vez mais proeminente nas estruturas administrativas do Estado. O médico passa a ocupar vários lugares no poder estatal, com ascendência sobre diversos setores da população que serão influenciados na própria maneira de viver e comportar-se. Nisso se incluem as maneiras de as pessoas se vestirem, se alimentarem, disporem de sua sexualidade, controlarem a fecundidade e até organizarem suas habitações. O médico torna-se, assim, um técnico e conselheiro no que se refere a melhorar o organismo social para mantê-lo com saúde. O seu prestígio político é adquirido mais como higienista do que como clínico.

Outra importante característica da política médica foi o privilégio da infância e a medicalização da família. A criança começou a ser vista como "problema" a ser resolvido, em função não só da natalidade e da mortalidade, mas também de sua sobrevivência até a fase adulta, na qual deveria ter boas condições físicas e ser produtiva economicamente. No século XVIII, nos países europeus, a política médica tem, então, como importante diretriz o complexo família-filhos, usado como atuação imediata e principal da medicalização dos indivíduos. A família passa a ser um dos principais veículos da atuação médica sobre os indivíduos.

Novas e bem precisas regras de relações entre pais e filhos são codificadas, e se indica uma série de obrigações, tanto dos pais em relação aos filhos como dos filhos em relação aos pais, sem que seja muito atingida a autoridade paterna. As regras sempre visam à higiene, à preocupação com o vestuário sadio, à limpeza, às atenções, aos cuidados, à amamentação dos bebês pelas mães, aos exercícios físicos para melhorar o desenvolvimento das crianças. A família deixa de ser tão-somente um meio de transmissão de bens para se tornar um ambiente onde a saúde de todos os membros passa a ser uma obrigação, favorecendo o desenvolvimento da criança — sempre a criança em primeiro lugar. A família é agora o alvo da medicalização. Daí o aparecimento, a partir da metade do século XVIII, de uma série de publicações sobre os cuidados com as crianças, principalmente com os bebês.

O AMOR MATERNO NEM SEMPRE EXISTIU?

Na sociedade medieval, o sentimento da infância não existia, isto é, não havia a consciência da particularidade infantil que distingue a criança do adulto. A infância referia-se apenas ao bebê, que, mal adquiria algum desembaraço físico, era logo misturado com os adultos. As crianças, desde pequenas, eram afastadas de seus pais. O sentimento pelas crianças era superficial, as pessoas divertiam-se com elas, quando pequenas, como se fossem animaizinhos. Se morressem, a regra geral era não fazer muito caso, pois logo seriam substituídas. Foi Philippe Ariès quem demonstrou ter sido necessário muito tempo para que a mentalidade das famílias evoluísse para um sentimento da infância.

Estudos feitos através de pinturas da época, do vestuário usado pelas crianças, do tipo de pedagogia e dos jogos infantis levaram Ariès a concluir que, a partir do começo do século XVII, os adultos começaram a modificar a concepção de infância e a prestar mais atenção às crianças.[2] Até o fim do século XVII, ainda persistia o infanticídio, tolerado apesar de ser crime grave e punível. Não se tratava de algo aceito como a exposição de crianças até a morte na antiga Roma. Entretanto, havia a prática em segredo, com certa freqüência, e camuflada sob a forma de acidente. Por exemplo: a criança dormia na cama com os pais e morria asfixiada. Enfim, não se dava importância às crianças, nada se fazia para conservá-las ou para salvá-las. A família, no século XVII, ainda não possuía as características da família moderna, com ternura pelos filhos e intimidade afetiva entre seus membros. É na formação da família burguesa das classes em ascensão que, por volta de meados do século XVIII, a criança passa a ser centro do universo familiar. O sentimento pela infância é, portanto, relativamente recente em nossa história.

Até meados do século XVIII, não havia interesse da medicina pelas crianças e pelas mulheres. Estas eram consideradas máquinas reprodutoras; o parto e suas complicações, bem como as doenças das crianças, ficavam aos cuidados das vizinhas e das comadres. Para a medicina conquistar esse mercado de saber das comadres, que se constituía em verdadeiro império, foi necessária uma longa luta contra suas práticas, consideradas inúteis e perniciosos.[3]

Outro objeto de confronto foi a amamentação materna. A criança era considerada um estorvo para a família, daí os vários tipos de rejeição, que podiam ir do abandono físico ao abandono moral e afetivo, da indiferença ao infanticídio. O primeiro sinal de repulsa à criança está na negativa da mãe em dar de mamar. O costume de recorrer a uma nutriz mercenária é antigo na França. Desde o século XIII se tem notícia de agências de nutrizes, mas nessa época o costume se restringia, quase exclusivamente, às famílias aristocráticas. No século XVII, o hábito se difundiu entre as famílias burguesas e, já no século XVIII, se espalhou por todas as classes da sociedade urbana. O fenômeno generalizou-se por todos os estratos sociais, entre os pobres e os ricos e nas cidades grandes e pequenas, a tal ponto que se chegou a enfrentar

---

2 Ariès, P. *História social da criança e da família.* Rio, Zahar, 1978 (2.ª ed., 1981).

3 Donzelot, J. *A polícia das famílias.* Rio, Graal, 1980, p. 24.

o problema de uma crise de escassez de nutrizes. De Paris, os bebês eram mandados a outras cidades e ao campo — lugares, muitas vezes, bem distantes. Em 1780, o chefe de Polícia de Paris constatou que, das 21 mil crianças nascidas por ano na capital, menos de mil eram criadas por suas mães. Cerca de mil eram criadas por nutrizes, que residiam na casa da criança. Todas as demais eram enviadas a uma nutriz fora da casa paterna. Destas, 2 mil ou 3 mil, cujos pais tinham melhor situação econômica, eram cuidadas em subúrbios perto de Paris. As demais, menos afortunadas, iam para lugares muito distantes. Quando os pais tinham recursos, escolhiam as nutrizes segundo o aspecto físico, a saúde e o bom caráter. A verdade é que não poderia haver tantas nutrizes nessas condições, e a maioria era pobre, desnutrida e doente. Era comum entre elas a sífilis, a sarna e o escorbuto. A pobreza levava essas mulheres a trabalhar, pois não era suficiente o que recebiam com a profissão de nutriz e as crianças, então, ficavam abandonadas, submersas nas próprias fezes e devoradas pelos mosquitos. Complementavam a amamentação com pedaços de pão umedecidos e amolecidos na boca. Somando-se a isso tudo, ainda havia as práticas homicidas, como a administração de narcóticos para que a criança dormisse e deixasse a nutriz em paz. O mais comum era o uso do láudano e da aguardente, e muitas crianças faleciam com doses excessivas.*

Mulheres pobres, para ganhar algum dinheiro a mais, aceitavam servir como nutrizes para crianças, mas eram obrigadas, muitas vezes, a abandonar seus próprios filhos em um hospital ou orfanato.

Toda essa situação levava a uma alta mortalidade das crianças pequenas. A morte de uma criança era episódio banal. Há relatos da época (meados do século XVIII) dando a mortalidade das crianças abaixo de um ano entre 25 e 27% e afirmando que, de mil crianças nascidas, 574 sobreviviam até os cinco anos e 525 chegavam aos dez. Como regra geral, as crianças amamenta-

---

* Atualmente, crianças de famílias das classes média e alta ainda são vítimas do uso de narcóticos administrados por babás, tipo de serviçal bastante utilizado em nosso meio. Não há pediatra que não saiba de várias histórias escabrosas desse e de outros tipos, relatadas por seus clientes.

das ao seio pela própria mãe morriam duas vezes menos do que as que eram entregues às nutrizes.

Lebrun, citado por E. Badinter,[4] constata que de 1773 a 1790 havia, em Paris, uma média de 5.800 crianças abandonadas por ano. A quantidade é enorme, se temos em conta que nessa cidade nasciam entre 20 mil e 25 mil crianças por ano. Entre as crianças abandonadas, calculou-se que 1/3 era de filhos legítimos e 2/3 de ilegítimos. As principais causas do abandono são de ordem socioeconômica. Por essa época, também se intensificou a assistência a crianças abandonadas, com a organização de orfanatos e hospitais para esse fim, mas as crianças aí internadas tinham uma mortalidade que variava de 80 a 90%. Estudos da época testemunham que 69 a 82% das crianças abandonadas, fosse nos hospitais ou confiadas a nutrizes, morriam antes de atingirem um mês de vida. É de se imaginar que, se essas mães tivessem amamentado seus próprios filhos por um ou dois meses, talvez mais da metade tivesse sobrevivido.

De tudo que foi exposto anteriormente, fica-se em dúvida se verdadeiramente o amor materno sempre existiu. Como explicar o abandono dos filhos naqueles séculos? Como explicar que os pais indiferentes do século XVIII se transformaram, nos séculos XIX e XX, em pais corujas? O instinto materno não pode ser confundido com o amor materno. Entretanto, muitas vezes o foi. Mesmo o instinto materno foi colocado em dúvida por sociólogos, antropólogos e psicólogos. Em certos povos primitivos, o instinto materno não existe nos casos em que o pai da criança é inimigo, pois o filho é considerado do pai e não da mãe. A mãe é tida como um depósito que gera a criança lá colocada pelo homem. A criança pode ser morta e comida se o pai for inimigo, mesmo que a mãe pertença à tribo, pois o filho é considerado inimigo também.

É Goldwasser quem diz: "O sacrifício ritual dos filhos de prisioneiros nascidos de mulheres da tribo foi talvez o costume indígena que mais estarreceu os cronistas. Tinham por hábito os tupis fornecer ao prisioneiro uma mulher da tribo, que em tudo

---

[4] Badinter, E. *Existe el amor maternal? História del amor maternal. Siglos XVII al XX*. Barcelona, Paids Pomaire, 1981, p. 113. Todos os dados sobre nutrizes e mortalidade infantil nos séculos XVII a XIX foram tirados desse trabalho.

o servia como esposa e o vigiava. O cativo gozava de ampla liberdade entre os donos, participando de todas as atividades cotidianas da tribo. Por mais longa e suave que fosse a convivência, contudo, não se pretendia poupá-lo, pois que o sacrifício era um ponto de honra tanto para o prisioneiro quanto para o aprisionador. Sua carne era depois consumida ritualmente pela tribo, não como alimento, mas como vingança, além de outros significados simbólicos. Se a mulher dada ao prisioneiro engravidasse, a criança tinha o mesmo fim, coerente com a idéia de que era filho do adversário, e não da mulher." [5] Goldwasser cita ainda um trecho de Gandavo, cronista do século XVI, reprovando com evidente desgosto esse costume: "E se a mulher que foi do cativo acerta de ficar prenhe, aquela criança que pare, depois de criada, matam-na e comem-na sem haver entre eles pessoa alguma que se compadeça de tão injusta morte. Antes seus próprios avós, a quem mais devia chegar esta mágoa, são aqueles que com mais gosto o ajudam a comer, e dizem que como filho de seu pai se vingam dele, tendo para si que em tal caso não toma esta criatura nada da mãe, nem crêem que aquela inimiga semente pode ter mistura de seu sangue." É evidente que, com a chegada dos europeus, esses costumes foram modificados. Algumas mulheres devem ter fugido com os prisioneiros para evitarem a morte dos homens a quem se afeiçoaram e outras devem ter defendido o "filho inimigo" do restante da tribo. Mas é evidente que o costume era matar e comer o inimigo, como muito bem mostra o filme *Como era gostoso o meu francês,* de Nelson Pereira dos Santos, em que a índia se delicia comendo um pedaço de braço do inimigo com quem convivera durante várias luas.

O amor materno é um sentimento humano e, como tal, é incerto, frágil, imperfeito e pode sofrer mudanças com a época, com o tipo de sociedade e com as condições culturais, como qualquer sentimento. É Badinter quem cita Roger Vailland: "Não existe o amor, existem as provas do amor." Quando as provas faltam, por que não extrair conseqüências? [6] Se se observam as

---

[5] Goldwasser, M. J. "O filho do pai. Ideologia de concepção numa sociedade primitiva". *In* Belford e Orlandi. *Medicina perinatal.* São Paulo. Manole, 1983, p. 107.

[6] Badinter, E., *op. cit.,* p. 14.

atitudes maternas durante os séculos, verifica-se que o sentimento da mãe pelo filho tem uma evolução na história, que os interesses e atenções pelas crianças podem manifestar-se ou não. A ternura pode existir ou não.

A indiferença materna através dos séculos tem tido várias explicações. Uns acreditam que, dada a elevada mortalidade infantil, os pais não queriam apegar-se aos filhos para não sofrerem com a morte destes. Outros explicam o fato pela situação socioeconômica da família, ou porque os pais eram miseráveis ou porque, ao contrário, dada a elevada situação social da família, a criança era um estorvo.

Mas que dizer das mães pertencentes à classe em que nenhuma situação citada anteriormente pesava sobre elas? Estas dispunham de tudo para cuidar e amamentar seus filhos e, no entanto, não o faziam por considerar o trabalho indigno. É preciso lembrar que não havia críticas, tal atitude era considerada normal e era moda agir assim. Parece que essa *moda* começou nas classes superiores e se foi espalhando aos poucos entre as inferiores, até se generalizar. Entretanto, é Badinter quem faz uma interessante observação: "Não é porque as crianças morriam como moscas que suas mães se interessavam pouco por elas. Ao contrário, em grande proporção, porque elas não se interessavam, morria uma quantidade tão grande de crianças."

É exatamente a partir da metade do século XVIII que começam a aparecer publicações aconselhando as mães a cuidarem pessoalmente de seus filhos e lhes fornecerem seu próprio leite. Foi preciso criar vários argumentos e lembrar à mãe sua "atividade instintiva", apelar a seu sentimento de dever e até mesmo ameaçá-la para desenvolver nela sua função nutritiva. Foi uma verdadeira campanha a fim de recriar o amor materno, há tanto tempo desaparecido. O amor materno adquire, então, novo conceito, com valores naturais e sociais favoráveis à espécie e à sociedade. Todo esse incentivo às mães era no sentido de salvar as crianças pequenas, com alta mortalidade, com o fim de aumentar o número de seres humanos que constituía a riqueza do Estado. Para conseguir tal intento, foi preciso convencer as mulheres a voltarem às suas funções de mães. Foi aí que entraram em ação educadores, moralistas e médicos, desenvolvendo os mais primorosos argumentos para que as mulheres amamentassem seus filhos ao seio. Eram palavras dirigidas aos pais e às mães, em termos não de obrigações ou sacrifícios, mas de amor, felicidade e igualdade.

Os médicos tiveram papel dos mais importantes em conseguir essa transformação. Eles penetraram nos lares abrindo várias frentes de luta, com maior ou menor importância, tais como: recomendar um vestuário infantil mais apropriado e libertar os bebês das faixas que tolhiam seus movimentos; favorecer a prática de exercícios e o contato com a natureza; criar um espaço apropriado para que as crianças pudessem brincar e ficassem sob a observação discreta mas contínua da mãe; criticar as histórias infantis com personagens fantasmagóricos, capazes de causar traumas. Através dessa medicina doméstica, a família burguesa vai se transformando no sentido de um controle das crianças contra as doenças e contra a ação maléfica da criadagem. O médico percebeu logo que a mãe seria seu melhor aliado de plantão no interior da casa.[7] Com essa aliada, ele derrota a medicina das comadres e abala a autoridade paterna pela atribuição de maior importância às funções maternas. Aliás, essa aliança continua até os dias atuais com pediatras, puericultores e psicanalistas, e talvez seja essa a razão de os médicos, até hoje, não serem vistos com bons olhos pelos maridos.

Os educadores também agiram assim. Rousseau, em seu livro *Emílio ou da educação,* cuja primeira edição é de maio de 1762, no rodapé da primeira página do Capítulo I, escreve o seguinte: "A educação primeira é a que mais importa, e essa primeira educação cabe incontestavelmente às mulheres: se o Autor da natureza tivesse querido que pertencesse aos homens, ter-lhes-ia dado leite para alimentarem as crianças. Falai portanto às mulheres, de preferência, em vossos tratados de educação [...]." E, mais adiante: "[...] as leis, sempre tão preocupadas com os bens e tão pouco com as pessoas, por terem como objetivo a paz e não a virtude, não outorgam suficiente autoridade às mães. Entretanto, suas condições são mais seguras que as dos pais, seus deveres mais penosos, seus cuidados têm mais importância para a boa ordem da família; geralmente elas se apegam mais às crianças. Há ocasiões em que um filho que falta o respeito a seu pai

---

[7] Donzelot, J., *op. cit.*, p. 25.

pode ser até desculpado; mas se, em qualquer oportunidade que seja, um filho se revelasse bastante inumano para faltá-lo a sua mãe, quem o carregou no seu seio, quem o alimentou com seu leite, quem, durante anos, se esqueceu a si mesma só para se ocupar dele, dever-se-ia sufocar esse miserável como um monstro indigno de ver a luz do dia." [8]

Rousseau com essas palavras prestigia as mães e dá uma lição de amor. Ao atribuírem maior autoridade à mãe no interior do lar, os educadores e os médicos dotam as mulheres de um *status* social mais elevado. Elas são promovidas a educadoras e auxiliares médicas, situação que servirá de argumento às feministas, um século depois. A elevação desse *status* foi lenta, mas sempre progressiva.

As vantagens para as crianças das famílias burguesas logo se fizeram sentir, mas para as das famílias pobres e operárias não houve grandes mudanças; para estas, no século XIX, com o desenvolvimento do capitalismo, pelo contrário, a situação piorou.

Neste século, entretanto, desenvolve-se uma nova mãe, responsável pela saúde dos filhos, mais ansiosa e que por qualquer motivo exige conselhos médicos. Um novo personagem — o médico — torna-se cada vez mais presente no seio da família, um aliado da mãe, no dizer de Donzelot. Com esse contato do médico da família com os problemas das crianças, começa a se desenvolver uma série de regras práticas e normas higiênicas para a criança, embrião do corpo de conhecimento que virá no futuro a se chamar higiene infantil e, depois, puericultura. A puericultura nasce, portanto, no bojo da medicina social.

Como vimos anteriormente, até meados do século XVIII, a medicina não se interessava pelas crianças. Foi a medicina social que começou a criar condições, no interior da sociedade e das famílias, para colocar a criança em nível de importância. É interessante que a medicina clínica fixou sua data de nascimento nos últimos anos do século XVIII.[9] É Foucault que afirma ser a medicina medieval do tipo individualista e levanta a hipótese de que,

---

8 Rousseau, J. J. *Emilio ou da educação.* São Paulo, Difel, 1973, pp. 9-10.

9 Foucault, M. *El nacimiento de la clínica.* México, Siglo XXI, 3.ª ed., 1977, p. 4.

com o capitalismo, não se deu a passagem de uma medicina coletiva para uma medicina privada, mas justamente o contrário; que o capitalismo, desenvolvendo-se em fins do século XVIII e inícios do século XIX, socializou um primeiro objeto que foi o corpo, como força de produção, força de trabalho. A medicina é uma estratégica biopolítica.[10] A pediatria clínica, como especialidade médica, só veio a aparecer no final do século XIX, e pode-se dizer que nasceu da "pediatria social", sendo posterior à própria higiene infantil ou puericultura. O estudo da difusão da puericultura, principalmente do século XIX para cá, é um ótimo fator de conhecimento da vida das classes inferiores.

É Luc Boltanski quem nos afirma: "A puericultura é, sem dúvida, um objeto privilegiado para aquele que queira compreender os caracteres específicos da difusão das técnicas e dos saberes no interior de uma sociedade estratificada. A difusão da puericultura não se fez, em efeito, espontaneamente nem por acaso; é o resultado de uma empresa sistemática que, iniciada em fins do século passado, prossegue entretanto na atualidade, e não constitui mais que um elemento de um projeto mais amplo, mais ambicioso: regulamentar a vida, particularmente a dos membros das classes baixas, regular todos os atos da vida, incluídos os mais íntimos e os mais privados, os que se realizam no seio do lar." [11]

O termo puericultura parece ter sido criado em 1865 pelo médico francês Caron, que publicou nesse ano um livro com o nome de *Puériculture ou la science d'éléver higiéniquement et physiologiquement les enfants*,[12] mas posteriormente caiu no esquecimento e só foi revivido pelo professor Pinard, em 1900.

As obras de divulgação da puericultura anteriores à década de 1870 são diferentes das posteriores aos anos 1885-1890. No período que medeia essas datas, ocorre a revolução pasteuriana. É fato conhecido que a cirurgia foi transformada pelas práticas da

---

10 Foucault, M. "O nascimento da medicina social". *In Microfísica do poder*. Rio, Graal, 2.ª ed. 1981, p. 80.

11 Boltanski, L. *Puericultura y moral de clase*. Barcelona, Laia, 1974, p. 7. Essa obra de Boltanski é fundamental para todos os que quiserem saber acerca do nascimento e, sobretudo, da difusão da puericultura moderna na França.

12 Lelong, M. *La puériculture*. Paris, PUF, 1957, p. 7.

assepsia e da anti-sepsia. Não foram só os cirurgiões os primeiros beneficiários dos trabalhos de Pasteur — os puericultores puderam logo criar uma teoria que juntava todas as regras e saberes espalhados, e puderam peneirar conhecimentos inúteis para formar um corpo de saber mais rigoroso.

Os manuais de higiene infantil destinados às mães, anteriores a 1870, são geralmente obras de muitas páginas, sem uma ordenação precisa. São obras pré-científicas. Cada autor discute pontos considerados importantes na época, como por exemplo: se o leite de diferentes animais influi no caráter da criança, se o mau estado de espírito da mãe no momento da mamada pode prejudicar o bebê, e assim por diante. Boltanski diz que as obras de puericultura, lançadas para divulgação, depois de 1890, são pouco volumosas, escritas em estilo simples, de apresentação sóbria e com gravuras didáticas. Giram em torno de temas fundamentais como assepsia, regras de amamentação, regimes alimentares para várias idades — enfim, temas que se vão repetir, com ligeiras mudanças, em todos os livros de puericultura até 1940. Com essas obras, os pediatras adquirem uma autoridade científica, as regras por eles expressas são agora sempre racionais e baseadas, não em prestígio pessoal ou tradição, mas na experiência e na racionalidade de um saber adquirido nas provas fornecidas pela ciência. Essas regras transformam-se em dogmas indiscutíveis e as mães passam a receber ordens e não conselhos. É por isso que, depois de 1890, aparecem obras de puericultura em forma de catecismo e os médicos procuram ensinar às mães, assim como os padres transmitem o catecismo aos crentes: através de um conjunto de dogmas indiscutíveis. Também a partir dessa época, os livros de puericultura são escritos para as mulheres do povo, pois são elas que precisam e devem ser educadas e civilizadas.

Era preciso penetrar mais profundamente nos lares das pessoas do povo, das classes inferiores, e para isso não bastavam conselhos: era necessário dar ordens precisas e intransigentes.

A CRIANÇA E A ACUMULAÇÃO DE CAPITAL

Em todas as épocas, as crianças sempre constituíram parte da força de trabalho da sociedade, mas foi no capitalismo que essa força se transformou em mercadoria, passando a ser vendida e comprada como qualquer objeto de troca. As crianças não escaparam a esse processo.

Houve grande mudança na estrutura social da Europa a partir do século XVIII e, nesse contexto, as crianças pobres sofreram muito. Essa transformação foi lenta, levando cerca de 200 anos, do início da crise do feudalismo até a implantação da nova ordem. Não que o capitalismo tivesse causado a decadência do feudalismo, mas, ao contrário, desenvolveu-se a partir do declínio e desintegração deste. Nesse período, muita riqueza foi acumulada pela classe burguesa que emergia, adquirindo privilégios monopolísticos e explorando riquezas em várias partes do mundo, através do sistema colonial. Essa acumulação de riquezas nas mãos de poucos não é suficiente para o estabelecimento do capitalismo. É preciso que surja uma classe trabalhadora numerosa e despojada de seus antigos meios de produção, que nada mais possua para vender, senão sua força de trabalho.[13]

Para conseguir a formação dessa classe despojada, era preciso promover a concentração da propriedade da terra em mãos de poucos. Os métodos adotados para tal fim foram os mais diversos: expulsão dos camponeses pelo fechamento das terras, perseguições e toda uma série de coações que determinavam o aumento crescente de um exército de pessoas espoliadas perambulando pelos campos, sem emprego e como bandos de "vagabundos". Muitos desses buscavam trabalho como assalariados nas propriedades agrícolas, agora privadas; outros deslocavam-se pelas vilas e cidades em busca de empregos nas oficinas e manufaturas, aumentando cada vez mais a mão-de-obra disponível no mercado de trabalho. Esse processo repetiu-se em vários países, com aspectos diferentes e em diferentes épocas. Mas sempre aqueles que não conseguiam emprego, pelo excesso de mão-de-obra disponível, eram perseguidos por uma legislação contra a vadiagem, muitas vezes torturados, açoitados e até enforcados. O aparecimento dessa "superpopulação" não ocorre pelo simples

---

13 Dobb, M. *A evolução do capitalismo.* Rio, Zahar, 4.ª ed., 1974. "O enriquecimento apenas, no entanto, não era o bastante. Tinha que ser o enriquecimento por modos que acarretavam o desapossamento de pessoas, diversas vezes mais numerosas do que as enriquecidas" (p. 229).

aumento do número de pessoas, dando a impressão de que a formação de mão-de-obra sem mercado de trabalho é um processo natural; esse *excesso* de gente é, na verdade, produto da nova ordem que se instala.

Com o aparecimento de uma série de máquinas e invenções técnicas, modificam-se as condições de produção em vários setores da indústria. O crescimento das indústrias relacionava-se com o mercado de trabalho, o que, por sua vez, se refletia nos salários reais dos trabalhadores. "Na medida em que os salários em dinheiro deixavam de subir, enquanto subia o nível de preços das mercadorias, todos os empregadores e donos de capital eram enriquecidos anormalmente à custa do padrão de vida das classes trabalhadoras." [14]

Foram as crianças que mais sofreram na fase de implantação do capitalismo. Pelo fato de estarem em crescimento e em desenvolvimento, de terem constituição frágil, com peculiares necessidades mentais, fisiológicas e sociais, as crianças não podem ser submetidas a condições de trabalho iguais às dos adultos. No entanto, o foram e de modo bárbaro. Relatórios de inspetores e inquéritos realizados na época mostram que crianças de sete a dez anos eram arrancadas de camas imundas à 2, 3 ou 4 horas da madrugada e obrigadas a trabalhar até as 10 ou 11 horas da noite para ganhar o indispensável à sua subsistência. Nas fábricas de fósforos de palito, eram comuns as intoxicações; nelas, entretanto, a metade dos trabalhadores compunha-se de meninos menores de 13 anos. Essas fábricas eram tão insalubres e repugnantes que somente a parte mais miserável da classe trabalhadora, como as viúvas famintas, cediam seus filhos, crianças esfarrapadas e subnutridas, para nelas trabalharem. Em um inquérito feito em uma dessas fábricas, verificou-se que 270 trabalhadores tinham menos de 18 anos, 40 tinham menos de dez anos, dez tinham somente oito anos e cinco, apenas seis anos de idade. A jornada de trabalho variava entre 12 e 15 horas, com trabalho noturno.

No começo, os donos de fábricas compravam o trabalho das crianças pobres nos orfanatos; mais tarde, como o salário dos pais não fosse suficiente, as crianças das famílias de operários

---

14 Dobb, M. *op. cit.*, p. 290.

foram obrigadas a trabalhar nas fábricas e minas. Essas famílias moravam nos lugares mais deprimentes. Em um quarto de poucos metros quadrados viviam o pai, a mãe, quatro ou cinco filhos e às vezes, outros parentes. As cidades cresciam rapidamente, à custa de uma massa de camponeses espoliados e sem emprego. As filas nas portas das fábricas aumentavam e, com isso, diminuía o valor do salário. Os bairros onde residiam os operários não tinham condições higiênicas. Grande número de desempregados e crianças ia às ruas como vendedores ambulantes. Laranjas, bolos e um sem-número de artigos eram oferecidos a cada passo por homens, mulheres e crianças. Os que não se revoltavam contra a sociedade, através do roubo ou do assalto, tornavam-se mendigos. Nessas condições, é grande o número de crianças abandonadas e alta a taxa de mortalidade entre elas.*

Depois de muitas lutas sustentadas pelos trabalhadores, surgiram, a partir de 1833, as primeiras leis regulando o trabalho das mulheres e das crianças. Iniciava-se, assim, a proclamação dos direitos das crianças, após séculos de exploração. Com essas leis, as relações jurídicas de pátrio poder, que regulavam a família antiga, tiveram que ser alteradas, e os pais passaram a ter limitados seus direitos sobre os filhos. Foi o início da transformação do pátrio poder em "pátrio dever". O direito das crianças, como um controle sobre elas, tem que ser mantido porque no capitalismo, mesmo no mais avançado, sempre há em potencial as condições que levam à exploração infantil sob os mais variados aspectos.

Desde o século XVIII, o número de crianças abandonadas vinha aumentando — não só as provenientes de famílias pobres, mas também das famílias burguesas. Nestas, os motivos do abandono eram diferentes, mas não deixavam de contribuir para o crescimento das legiões de crianças sem amparo. O Estado se fez presente entre as crianças abandonadas. Desde o século XVIII, in-

* Essa situação das famílias e crianças pobres dos séculos XVIII e XIX na Europa e, principalmente, na Inglaterra é parecida com a que ocorre atualmente no Brasil e na maioria dos países latino-americanos. Quando se lê, nos historiadores, sobre a situação européia dessa época, se trocarmos, em certos trechos, os nomes das cidades inglesas por nomes de cidades brasileiras, teremos a impressão de estarmos lendo um escritor

tensificam-se as atenções às crianças expostas, largadas nas ruas e nos átrios das igrejas, que acabavam morrendo ou sendo utilizadas pelas corporações de mendigos. Estas, por meio de mutilações escabrosas, tornavam as crianças objeto de compaixão pública, com a finalidade de obterem maior renda em esmolas. Uma das mais importantes finalidades da criação de asilos de menores abandonados foi a conciliação dos interesses das famílias e do Estado. Este procura a paz familiar e promete à família felicidade e tranqüilidade. Se, por um lado, uma das coisas que perturbavam as famílias eram os filhos adulterinos e os menores rebeldes, por outro, o Estado não desejava desperdiçar essas crianças que, no futuro, aumentariam sua produção e seu poderio militar. Uma prova da preocupação de se respeitar a honra familiar e a vida das crianças foi a instituição e a difusão, na França, na primeira metade do século XVIII, de um dispositivo técnico engenhoso: a roda.[15] Era um cilindro giratório sobre o eixo vertical em que a metade lateral da superfície era aberta de um lado. O lado fechado ficava voltado para a rua. Para a mãe ou uma pessoa abandonar uma criança pequena, bastava-lhe girar a roda para aparecer o lado aberto, onde depositava o bebê; depois, fazia a roda retornar à posição anterior e tocava uma campainha. A encarregada, no interior do asilo, apanhava a criança, sem ver quem a depositava. Na verdade, essa era a finalidade da roda: preservar o segredo de quem ia abandonar a criança e, com isso, preservar também a reputação da família.

A roda já havia sido instituída em Milão, na Itália, no século XVII e abolida em 1869; e na verdade, também o primeiro asilo para recolher crianças abandonadas foi fundado pelo arcebispo Dateo, em Milão, no ano de 787. Na Itália, dava-se o nome de *brefotrofio* a essas casas de expostos.[16]

Com a difusão da roda, aumentou o número de recém-nascidos abandonados. A roda popularizou-se. As comissões de

---

brasileiro bem atual. Lá como aqui a fase intensa de acumulação de capital é apontada como a causa do fenômeno.

15 Donzelot, J., *op. cit.*, p. 30.

16 Alberti, G. "Dall'antichitá all'epoca contemporanea". *In* Mussa, B. *Trattato di nipiologia*, vol. I. Torino, Minerva Medica, 1958, p. 47.

inquérito da época revelaram que grande número de filhos legítimos era exposto na roda. As causas eram, como sempre, o grau de miséria das famílias pobres. As crianças internadas nesses asilos tinham altíssima mortalidade e o estado em que ficavam era lastimável e doloroso. Conta a história que Garibaldi chorou ao visitar o *brefotrofio* da Anunziata. Além de tudo, depois que a lei instituiu um salário para as nutrizes, muitas mães expunham seus filhos e, depois, obtinham um salário para serem suas nutrizes. Esse era outro fator de aumento do abandono. Várias leis no sentido de combater esses abusos resultaram ineficientes. Donzelot conta que, em 1837, reconheceu-se o fracasso do sistema de recolhimento hospitalar e de pagar nutrizes, recomendando-se um sistema de assistência domiciliar à mãe. Com o dinheiro antes pago à nutriz, ajudava-se a mãe diretamente. Com a adoção desse sistema, era lógico que desaparecia a roda e, portanto, o segredo da origem da criança. Esse segredo era, na verdade, a causa de vários desvios e impossibilitava o controle da administração. O recolhimento sem sigilo desencorajava o abandono e possibilitava uma investigação administrativa com relação à mãe.

No começo o auxílio era dado às mães solteiras, mas depois se transformou em direito das viúvas pobres e mães operárias. Nasceu, assim, o salário-família, no início do século XIX, "uma prática patronal do paternalismo, feliz em se livrar, em plano nacional, de uma gestão cujos embaraços eram iguais aos benefícios que propiciava".[17]

---

17 Donzelot, J., *op. cit.*, p. 33.

3

EVOLUÇÃO DA PEDIATRIA SOCIAL NO BRASIL

No capítulo anterior, mostrou-se a origem e a evolução da medicina social nos países europeus e como a sua aplicação ao contexto social e familiar representou a ação transformadora da sociedade e dos indivíduos, no interesse do Estado. A família burguesa foi sendo moldada por médicos e educadores que, atuando sobre os mínimos detalhes da vida familiar, foram tornando-a incapaz de decidir por si só sobre os menores problemas surgidos em seu seio. Atualmente, uma série de profissionais é consultada para prestar assistência aos transtornos familiares. São psicanalistas, psicólogos, pediatras e educadores freqüentemente, e cada vez mais, procurados para resolver as "doenças" da família atual. A medicina social, através da higiene familiar, foi de fato tornando a família cada vez mais dependente dos conselhos médicos. Aos poucos, foi penetrando no interior dos lares sob o pretexto de defender as crianças ameaçadas pelas altas taxas de morbilidade e mortalidade; foi, também, impondo a todos os seus membros uma educação física, moral e sexual de acordo com os conhecimentos higiênicos da época. Toda essa ação, dirigida fundamentalmente às crianças, iria transformar os hábitos das famílias. Hábitos que foram induzidos como instrumentos de controle político e de diferenças de classe. E com isso, no interior da família burguesa, reproduzia-se o que ocorria fora dela, nas relações entre as diversas classes sociais.

Tudo isso, de um modo ou de outro e em situações próprias para o momento histórico, ocorreu com a prática da medicina social no Brasil, nos séculos XVIII e XIX, e continua a ocorrer no presente. O assunto é de grande extensão e abarca uma complexa relação de fatores econômicos, sociais, políticos e ideológicos da história brasileira.

Apesar de só no fim do século XIX ter sido criada, no Brasil, a primeira cadeira de moléstias de crianças na Faculdade de Medicina do Rio de Janeiro, já no decurso daquele século vários médicos dedicavam parte de seu tempo às doenças infantis. Foram médicos pioneiros na divulgação de temas de pediatria e puericultura sem, no entanto, existirem essas especialidades como um corpo de saber científico. Também no decurso do século XIX apareceram vários "guias maternos" e, em 1879, foi editada a primeira revista de puericultura, dirigida por Carlos Costa — *A Mãe de Família* —, com vários artigos sobre higiene infantil.[1] Era a medicina social da criança que se formava, antes mesmo de a medicina da criança, a pediatria e a puericultura se organizarem em um conjunto de princípios científicos fundamentais para formarem um corpo de conhecimentos teóricos, e de regras práticas, e se tornarem especialidades médicas no século XX.

A medicina social no século XIX agiu nos mais variados setores da sociedade brasileira, e não só no interior das famílias. Agiu também em vários períodos históricos: na Colônia, no Império e na República. Em cada época, de acordo com os problemas mais importantes que surgiam, ela atuava mais como força transformadora do que em defesa dos costumes vigentes, desde que a transformação beneficiasse o Estado.

No Brasil colonial, o Governo dependia do apoio econômico e técnico da metrópole para resolver os problemas sanitários. Como sempre lhe faltava esse apoio e a burocracia era incapaz de construir redes de esgotos, pavimentar as ruas das cidades, acabar com os pântanos, fiscalizar o comércio de alimentos, as populações eram freqüentemente atingidas pelas epidemias, que sempre produziam grande mortalidade, sem que a administração colonial conseguisse interferir nos acontecimentos. Foi só com a chegada da família real, fugida de Portugal e trazendo consigo grande número de aristocratas, a ponto de aumentar significativamente a população do Rio de Janeiro, que a situação sanitária começou a se

---

1 Rocha, J. M. *Introdução à história da puericultura e pediatria no Brasil (1500-1882).* Rio, 1947, p. 50 (edição distribuída pela Nestlé).

modificar. Com a chegada da família real, começaram a se instalar na cidade vários comerciantes estrangeiros, diplomatas e famílias de fazendeiros, fazendo crescer de tal maneira a população urbana que fatalmente se exerceram pressões sobre a administração, aumentando as exigências quanto a modificações higiênicas.

Em 1808, D. João, mal acabara de chegar, consultou o recém-nomeado físico-mor Manoel Vieira da Silva, pedindo opinião dos médicos sobre as causas das doenças e as maneiras de extingui-las.[2] A resposta foi o esboço de organização de uma polícia sanitária para a cidade. No documento do físico-mor, algumas causas de doenças se referem à contaminação do ar e da água. Ele não acusa o clima e a natureza do Rio de Janeiro; tudo deve ser relacionado a outras grandes causas que, "sendo obra dos homens, podem receber a sua extinção das mãos dos homens". Devem-se aterrar os pântanos emanadores de gases pestilentos, encanar as águas, demarcar as ruas e lugares de construção, cuidar dos cemitérios, combater o comércio de alimentos estragados, controlar os matadouros e açougues, fiscalizar os portos, criar lazaretos para quarentena e controlar o exercício da medicina, criando meios de formar bons médicos. Enfim, era a aplicação das idéias da medicina social que se difundia na Europa, como foi relatado no capítulo anterior.

O sepultamento dos mortos constituía um problema de saúde pública bastante grave para o Rio de Janeiro no começo do século XIX. Era costume das famílias "a prática de inumarem os corpos de seus parentes no interior das igrejas e dependências, em recinto sagrado, nas chamadas *catacumbas,* até a primeira metade do século XIX, e só eram excluídos destas catacumbas os suicidas, os escravos e os deserdados de fortuna, que eram sepultados em chãos situados ultramuros, nas proximidades dos centros populosos, chãos que o povo denominou piedosamente de Campos Santos ou Cemitérios simplesmente".[3] Os ricos eram enterrados, geral-

---

2 Machado, R., Loureiro, A., Luz, R. e Muricy, K. *Danação da norma. Medicina social e constituição da psiquiatria no Brasil.* Rio, Graal, 1978, p. 162. Este trabalho é de leitura imprescindível para o conhecimento das relações entre a política do Estado, o poder médico e a higiene no Brasil.

3 Barros, E. V. "Cemitério de S. Francisco Xavier". *In* Carvalho, M.J.R. *Notícias dos diversos estabelecimentos mantidos pela Santa Casa de Mi-*

mente, no interior das igrejas, e os que morriam em hospitais eram sepultados em pequenos cemitérios ao lado do próprio hospital. José Clemente Pereira, provedor da Santa Casa de Misericórdia, em julho de 1839, apresenta relatório sobre o problema: "A existência do Cemitério dentro do Hospital era uma verdadeira calamidade pública: a estatística dos corpos ali sepultados nos últimos oito anos apresenta o número de 22.279, correspondente, termo médio, a 2.784 por ano; no ano findo de 1 de julho de 1838 a 30 de junho de 1839, enterraram-se nele 3.194 corpos! E como fora possível que tão avultado número de cadáveres, amontoados em malcobertas valas, deixasse de prejudicar consideravelmente, não só a salubridade do Hospital, mas mesmo a da Cidade, achando-se o Cemitério fronteiro à barra, por onde entram ventos fortes e com especialidade a viração que, antes de ir refrigerar a povoação, se embebia necessariamente nos miasmas pútridos daquele lugar?" [4] Desde 1801, uma carta régia proibia o enterro em igrejas e ordenava a construção de um cemitério. Em 1825, o Imperador, em portaria, determinava o mesmo. Em 1832, o Código de Posturas da Câmara Municipal do Rio de Janeiro voltava ao problema e ordenava que houvesse atestados de óbito, regulava a profundidade da cova e proibia enterros em igrejas e conventos; mas a postura só vigoraria quando estivessem localizados e prontos os cemitérios extramuros. Mas nada disso era cumprido. Por outro lado, os médicos mantinham em pauta o problema com suas críticas. Em 1830, a Comissão de Salubridade Geral da Sociedade de Medicina e Cirurgia do Rio de Janeiro apresentou relatório onde focalizava diversos problemas de higiene da cidade, dentre os quais a falta de médicos verificadores de óbitos, e condenava os sepultamentos nas igrejas.[5]

Só em 2 de julho de 1839 é que a Santa Casa de Misericórdia, por iniciativa de seu provedor, José Clemente Pereira, inaugura o Campo Santo da Misericórdia, na Ponta do Caju, o qual, em 1851, veio a se chamar Cemitério de São Francisco Xa-

---

sericórdia da Cidade de São Sebastião do Rio de Janeiro. Rio, Tip. do *Jornal do Comércio,* 1908, p. 151.

4 *Ibid.,* p. 152.

5 Machado, R. *et alii, op. cit.,* p. 188.

vier, "rompendo assim com a prática dos enterramentos dos ricos nas catacumbas".[6] O novo cemitério tinha "todas as condições higiênicas e de conveniência que podiam desejar-se, como declarou a Imperial Academia de Medicina desta Corte, que escrupulosamente examinou o lugar por uma comissão de sete dos seus membros, a pedido da Ilustríssima Câmara Municipal".[7]

"O Decreto n.° 842, de 16 de outubro de 1851, fundou os cemitérios públicos de São Francisco Xavier e de São João Batista nos subúrbios do Rio de Janeiro, o de n.° 843, de 18 do mesmo mês e ano, cometeu a fundação e administração dos cemitérios dos subúrbios do Rio de Janeiro e o fornecimento dos objetos relativos aos serviços dos enterros (Serviços Funerários) à Irmandade da Santa Casa da Misericórdia pelo tempo de 50 anos. Quer nesta ocasião, quer quando foi renovado o contrato em 1901, só coube à Santa Casa a missão do serviço funerário após muitas peripécias resultantes de interesses e ambições."[8] Ganhava assim a Santa Casa o monopólio dos cemitérios e serviços funerários. Não foi sem luta que se conseguiu a proibição dos sepultamentos nas igrejas. Era a ação da medicina social nas cidades.

A CRIANÇA E A RODA

A higiene urbana não atuava apenas na organização dos cemitérios, das ruas e do comércio; era uma tática do Estado moderno que, com freqüência, entrava em confronto com os hábitos e comportamento tradicionais da família brasileira. Daí Jurandir Freire Costa dizer: "O Estado brasileiro sempre encontrou na família um dos mais fortes obstáculos à sua consolidação. Na Colônia, o combate à família obedecia à ética estritamente punitiva e legal. Cada vez que o poder familiar se insurgia era fulminado."[9]

---

6 Barros E. V. *op. cit.*, p. 152.

7 *Ibid.*, p. 153. Trecho citado do Relatório de José Clemente Pereira.

8 *Ibid.*, p. 156.

9 Costa, J. F. *Ordem médica e norma familiar.* Rio, Graal, 1979, p. 30. A leitura desse excelente livro é imprescindível aos que desejam conhecer

Mas essa ação punitiva e esses conflitos, que se tornaram cada vez mais constantes ao se aproximar o fim do período colonial, não podiam continuar. Foi aí que uma estratégia persuasiva, usada pela medicina social, começou a ser posta em prática através da higiene, no sentido de modificar alguns hábitos familiares. Nos municípios, o poder era exercido pelas grandes famílias rurais, e um dos mecanismos desse poder político era a solidariedade entre os membros da família, fossem consangüíneos ou não. Juntava-se à família uma série de parentes espirituais: compadres, afilhados, crias, protegidos, todos na defesa do latifúndio e do chefe da família, o senhor. A administração e a justiça eram exercidas pelo patriarca rural, através da violência e da corrupção. "Girando em torno da autopreservação, a família funcionava como um bloco compacto voltado exclusivamente para o clã. Essa polarização dirigida gerou uma introversão social prejudicial aos interesses do Estado. A família não formava cidadãos, e sim parentes." [10] A higiene agiu, buscando novos valores, convencida de que o Estado era mais importante que a família. Para tanto, criou uma série de medidas normalizadoras, com o fim de modificar o comportamento familiar. Essas medidas normalizadoras eram estrategicamente mais eficientes do que a ação punitiva de certas leis. Através de conceitos sobre termos como amor, paixão, alma, o discurso dos médicos infiltrava-se mais facilmente na moral das famílias. Daí o "amor à pátria", definido como um "afeto d'alma", apresentar-se à família em sua versão médica.[11] Ao se incentivar o amor à pátria, fatalmente se reduzia o poder do chefe da família, se enfraqueciam os laços de parentesco e se fortalecia o Estado.

Foi no século XIX que o médico começou a ser um elemento importante para a família e a superar o próprio padre, tão influente até então. É Gilberto Freire que nos conta: "Já nos referimos ao confessionário como um meio que teve a mulher patriarcal no Brasil de descarregar a consciência e de libertar-se um pouco da opressão do pai, do avô ou do marido sobre sua personalidade.

---

a ação da medicina social sobre a sociedade e família brasileiras. Neste capítulo, utilizamos vários dados extraídos de suas páginas.

[10] Costa, J. F. *op. cit.*, pp. 46-7.

[11] *Ibid*, pp. 64ss.

A supremacia do médico sobre o confessor, na vida da família brasileira, esboçada desde as primeiras décadas do século XIX, veio marcar fase nova na situação da mulher. Também no sistema de relações da mulher com outros homens que não fossem os de seu sangue ou de seu marido. O médico de família passou a exercer influência considerável sobre a mulher." [12] A mulher passava a ser uma aliada do médico para uma atuação deste nas modificações de alguns costumes familiares.

Mas foi através da criança que o médico conseguiu atuar mais eficientemente junto das famílias — como vimos no capítulo anterior, o mesmo que ocorrera nos países europeus. A criança, com seus problemas mais diversos, constituiu-se em ponte pela qual a higiene atingia a intimidade das famílias brasileiras. Já desde a primeira metade do século passado, os médicos criaram uma série de normas educativas que visavam a reduzir a alta mortalidade infantil e a melhorar as péssimas condições de saúde dos adultos. Essas normas educativas, porém, dirigiam-se mais às crianças. Com a sua complexidade, as famílias começavam a se sentir incapazes de decidirem sozinhas e de protegerem a saúde e a vida das crianças e dos adultos, e o médico tornava-se imprescindível para resolver os inúmeros problemas familiares.

Na Colônia, a família patriarcal tinha no pai a figura sábia, prepotente, violenta, portadora das lições dos ancestrais, que eram transmitidas oralmente aos seus descendentes, para a continuidade da mesma ordem. Nessas condições, a criança não podia ter muito valor, pois não só era incapaz de entender o passado como também era um ser frágil, sujeito a ficar doente a qualquer momento e morrer. Muitos historiadores e observadores da época falam do culto das crianças mortas — os *anjinhos*: as mães exultavam de felicidade pela morte do filho-criança que ia encontrar-se com Deus no céu. A mortalidade infantil era elevada. No memorial de Carlos Arthur Moncorvo de Figueiredo, o Moncorvo, pai, em 1882, ao Governo imperial, sugerindo a criação, nas faculdades de medicina brasileiras, de uma cadeira de clínica de moléstias de crianças, o autor cita a taxa de mortalidade infantil no Rio de

---

12 Freire, G. *Sobrados e mocambos.* Rio, José Olympio/MEC, 5.ª ed., 1977, pp. 120-1.

Janeiro como "de 460 por 1.000, incluindo os nascidos mortos, ou de 410 por 1.000 até a idade de 7 anos, excluindo estes últimos".[13]

Várias causas eram dadas na época para a alta taxa de mortalidade das crianças. Jurandir Freire Costa, analisando os trabalhos de José Maria Teixeira, de 1876 e 1888, sobre as causas da mortalidade em geral, e das crianças em particular, no Rio de Janeiro, observou que a etiologia familiar da mortalidade infantil era evidente. Os pais eram acusados de entregarem seus filhos a escravas ignorantes e ao aleitamento mercenário, e as mães, de se deixarem assistir por parteiras inábeis, e também de levarem tardiamente seus filhos aos médicos. Eram acusados também os casamentos consangüíneos e com desproporção de idade entre os cônjuges. Esse autor achava que as duas grandes causas de ordem social da mortalidade infantil eram a ilegitimidade dos nascimentos e a falta de educação física, moral e intelectual das mães.[14] A ilegitimidade era comum e os médicos já observavam nas estatísticas que a mortalidade dos filhos ilegítimos era duas vezes maior que a dos legítimos. O grande número de crianças abandonadas e mortas na Casa dos Expostos mostrava o fato. Essa casa também se chamava Casa dos Enjeitados ou da Roda. Vimos, no capítulo anterior, que instituições como essa existiam em vários países europeus — desde o século XVII, em Milão, e muito difundidas na França, no século XVIII. A Casa dos Expostos da Santa Casa de Misericórdia do Rio de Janeiro foi criada por Romão de Mattos Duarte, em 14 de janeiro de 1738, com o fim de servir de amparo aos inocentes abandonados ao nascer. A roda era de tal tamanho que so-

---

13 Figueiredo, C.A.M. (Moncorvo, pai). "Memorial ao Governo imperial pedindo a criação de uma cadeira de clínica infantil". *In* Rocha, J.M. *Introdução à história da puericultura e pediatria no Brasil.* Rio, 1947, pp. 53ss. (edição distribuída pela Nestlé).

14 Teixeira, José Maria. *Mortalidade na Cidade do Rio de Janeiro,* Rio de Janeiro, Tipografia Central Brown & Evaristo, 1876; do mesmo autor, *Causas da mortalidade das crianças no Rio de Janeiro. Memória apresentada à Imperial Academia de Medicina em resposta a esta questão posta a prêmio na sessão de 6 de julho de 1888 e laureada com o 1.° prêmio em sessão magna de 30 de julho de 1887,* Rio, 1888. Ambos os trabalhos citados por Jurandir Freire Costa *in Ordem médica e norma familiar, op. cit.*, pp. 162ss.

mente permitia a colocação de crianças pequenas. A Casa foi fundada inicialmente em uma enfermaria do Hospital Velho e nela permaneceu até que se construísse um edifício próprio, no n.º 17 da Rua da Misericórdia. Eleito provedor o marquês de Abrantes, em 2 de julho de 1857, seu primeiro cuidado foi fazer mudar a Casa dos Expostos para a Rua dos Barbonos, hoje Evaristo da Veiga, em 10 de junho de 1860, onde ficou até 1906. A mudança de 1906 se deu porque o prédio foi desapropriado pelo Governo para ampliação do edifício da Brigada Policial. A Casa dos Expostos ficou, então, provisoriamente na Rua Senador Vergueiro, 45, e na Praia do Flamengo, 82, até que se aprontasse a casa, já em construção, da Rua Marquês de Abrantes, 20, atual Fundação Romão Duarte.[15]

O primeiro enjeitado posto na roda, em 17 de janeiro de 1738, tomou o nome de Romão, em homenagem ao fundador, que lhe serviu de padrinho; o segundo, do sexo feminino, em 12 de fevereiro do mesmo ano, tomou o nome de Ana, por indicação de seu padrinho, segundo benfeitor da Casa, Sr. Inácio Medella. Nos termos de entrada do primeiro consta "um menino o qual trouxe um cueiro de chita verde" e, no do segundo, "uma menina com 4 cueiros de baeta, 6 camisas, 1 toalha de paninho, uma coifinha e uma vara de fita encarnada".[16] É evidente que Ana, segunda enjeitada, parece provir de família com alguma posse.

A roda da Casa dos Expostos foi fundada para proteger a honra da família colonial e a vida das crianças enjeitadas, mas com o tempo levou a um efeito oposto àquele para o qual fora imaginada. Com a roda, abrindo certas facilidades, homens e mulheres passaram a contar com um apoio seguro às suas transgressões sexuais. "Estavam certos de que podiam esconder os filhos ilegítimos em local onde seriam bem tratados. De protetora da honra, a Casa tornou-se um incentivo à libertinagem." [17]

---

15 Moraes, A. F. "Casa dos Expostos". *In* Carvalho, M.J.R. (org.). *Notícias dos diversos estabelecimentos mantidos pela Santa Casa de Misericórdia da Cidade de S. Sebastião do Rio de Janeiro.* Rio, Tip. do *Jornal do Comércio,* 1908, pp. 113-4.

16 *Ibid.,* p. 122.

17 Costa, J.F. *Ordem médica e norma familiar, op. cit.,* pp. 164-5.

Outra utilidade passou a ter a roda para os senhores: a exposição dos filhos recém-nascidos de suas escravas, com o fim de alugá-las como amas-de-leite. O aluguel ou a venda de uma escrava ama-de-leite, sem a "cria", alcançava melhor preço. Os jornais do século XIX estão cheios de anúncios de aluguel de escravas amas-de-leite, frisando não terem filhos.

Em 1883, a imprensa do Rio de Janeiro reclamava uma devassa sobre a exploração das escravas amas-de-leite, alugadas a 50 mil-réis mensais. O dono de algumas escravas arrecadava de 600 a 800 mil-réis por mês. Para se ter noção de o quanto era elevado o aluguel de uma ama-de-leite, na mesma época os jornais anunciavam: "Bonita casa, assobradada, com terreno, na Rua Assunção, casa ampla, com jardim, chácara, água quente e fria, 'latrinas inglesas', é alugada por 140 mil-réis." [18]

A venda de crianças escravas recém-nascidas e com meses de idade era quase impossível e os preços eram ínfimos; daí ser mais fácil mandá-las para a roda. O preço dessas crianças é sempre relatado como sendo ninharia, e nem poderia deixar de ser, dada sua alta mortalidade e a facilidade de se comprarem escravos em idade produtiva.

A mortalidade na Casa dos Expostos era grande, não só pelos precários cuidados fornecidos às crianças, como também pela falta de higiene e as péssimas instalações.

Entre 1861 e 1874, foram entregues à instituição 8.086 crianças, das quais 3.545 morreram (43,9%). Em um trecho da Fala do Trono de 1823, D. Pedro I admirou-se da alta mortalidade na Casa dos Expostos: "A primeira vez que fui à Roda dos Expostos, achei (parece impossível) sete crianças com duas amas; nem berços, nem vestuário. Pedi o mapa e vi que em 13 anos tinham entrado perto de 12.000 e apenas tinham vingado 1.000, não sabendo a Misericórdia, verdadeiramente, onde elas se achavam. Agora com a concessão da loteria, edificou-se uma casa própria para tal estabelecimento e tudo em melhor administração." [19]

---

18 Renault, D. *O dia-a-dia no Rio de Janeiro segundo os jornais. 1780-1899.* Rio, Civilização Brasileira/INL-MEC, 1982, pp. 163 e 168.

19 *Falas do Trono desde o ano de 1823 a 1889.* Rio, Imprensa Nacional, 1889, p. 12. Citado por Rocha, J. M. *Introdução à história da puericultura e pediatria no Brasil, op. cit.*, p. 78.

Verificando-se o Quadro 1, que nos fornece o número de crianças entregues à roda desde a sua criação até o ano de 1908 (o quadro original é anual e cada ano é contado de 1.º de julho a 30 de junho; a estratificação em grupos de cinco em cinco anos foi feita por nós), pode-se observar que o número de entradas de crianças da primeira estatística (8.086 de 1861 a 1874) é real, mas a de D. Pedro I, na Fala do Trono, está equivocada. Em hipótese alguma, em 13 anos entraram 12 mil crianças. Nem se somando todas as entradas desde a fundação da roda, em 14 de janeiro de 1738, é possível chegar às 12 mil crianças citadas pelo imperador. A soma feita por nós, nos 85 anos passados desde a criação da roda até 1823 (inclusive), atinge 10.884 crianças. Mas esses números não invalidam a observação de D. Pedro I sobre as condições precárias da Casa dos Expostos — "sete crianças com duas amas; nem berços, nem vestuário" — e a alta mortalidade que o assustou. Outro fato ressaltado no trecho da Fala do Trono é que a criação de loterias com fins pretensamente assistenciais — principalmente para crianças — já tem tradição no Brasil.

A roda também era utilizada pelas próprias escravas com a finalidade de livrar seus filhos da escravidão. Em 1775, com o alvará de 31 de janeiro, as crianças escravas colocadas na roda eram consideradas livres. Mott observou que o alvará foi letra morta, pois as crianças escravas eram devolvidas a seus donos quando solicitadas, mediante o pagamento das despesas feitas com a criação.[20]

Vários médicos do século XIX denunciaram a elevada mortalidade dos filhos ilegítimos, principalmente dos escravos, cujas mães os deixavam na roda, onde passavam a gozar da condição de libertos. O Dr. José Maria Teixeira, em trabalho sobre a *Mortalidade no Rio de Janeiro,* publicado em 1876, diz que "Os higienistas encontravam a prova deste fato [abandonar filhos na roda] na diminuição do número de expostos após a lei do ventre livre".[21] Analisando-se o Quadro 1, pode-se ver que depois de

---

20 Mott, M.L.B. "A criança escrava na literatura de viagens". *Cadernos de Pesquisa.* Fundação Carlos Chagas, n.º 31, dezembro de 1979, pp. 57-68.
21 Citado por Costa, J.F. *Ordem médica e norma familiar, op. cit.,* p. 166.

1871 (Lei Rio Branco n.º 2.040, chamada Lei do Ventre Livre) não houve queda no número de expostos na roda, pois o qüinqüênio 1873-1878 apresentou até um aumento em relação ao 1868-1873, e o trabalho do Dr. José Maria Teixeira é de 1876; portanto, ele devia estar mal-informado sobre o movimento da Casa dos Expostos. A nítida diminuição do número de expostos ocorreu a partir de 1883, já nas vésperas da Abolição (1888); depois dessa data, o número permaneceu estável até 1908.

Verificando-se ainda o Quadro 1, nota-se um nítido aumento do número de crianças expostas a partir de 1808, ano que coincide com a chegada da família real ao Brasil. D. João trouxe para o Rio grande número de aristocratas e comerciantes estrangeiros, bem como diplomatas e famílias de fazendeiros que vinham de suas fazendas para habitar na corte. Com a chegada da Corte, o Rio aumentou sua população em mais de 15 mil pessoas.[22] A cidade começava a crescer e a vida mundana se tornava realidade, com bailes, festas, saraus.

No século XIX, ainda era hábito das mulheres européias entregarem seus filhos a amas mercenárias, de modo que, ao aportarem ao Rio de Janeiro, muitas tiveram que se adaptar ao aluguel de amas pretas, escravas, único meio de continuarem a dispor de tempo para a vida mundana da Corte.

No Quadro 2, verifica-se que o maior número de crianças abandonadas tinha menos de um ano e meio. Muitos médicos da época relatam que algumas delas eram entregues à roda já mortas e outras, doentes — daí se notar nesse quadro a alta mortalidade nos oito primeiros dias. Não há diferença significativa entre entradas de crianças do sexo masculino e feminino.

Seja como for, um grande número de filhos de escravas era colocado na roda para que suas mães se transformassem em mães-pretas de crianças brancas. Não faltam autores que se refiram à excelência do leite das mulheres pretas, dos benefícios que prestaram às famílias brasileiras, amamentando os *nhonhôs,* mas se esquecem de que tudo isso se deu à custa de sacrifícios e de

---

22 Araújo, A.R. *Assistência médico-hospitalar no Rio de Janeiro no século XIX*. Rio, MEC, 1982, p. 15.

Quadro 1

Rio de Janeiro — Entradas na Casa dos Expostos, de 1738 a 1908, Segundo Qüinqüênios *

Anos	*Total de entradas*
14/01/1738 a 30/06/1738	25
1738 — 1743	317
1743 — 1748	56
1748 — 1753	119
1753 — 1758	296
1758 — 1763	403
1763 — 1768	434
1768 — 1773	527
1773 — 1778	583
1778 — 1783	643
1783 — 1788	727
1788 — 1793	777
1793 — 1798	743
1798 — 1803	713
1803 — 1808	791
1808 — 1813	924
1813 — 1818	1.224
1818 — 1823	1.439
1823 — 1828	1.510
1823 — 1833	1.650
1833 — 1838	1.917
1838 — 1843	2.178
1843 — 1848	2.475
1848 — 1853	3.066
1853 — 1858	2.979
1858 — 1863	3.256
1863 — 1868	2.994
1868 — 1873	2.603
1873 — 1878	2.648
1878 — 1883	2.194
1883 — 1888	1.023
1888 — 1893	569
1893 — 1898	573
1898 — 1903	520
1903 — 1908	462

* Cada ano vai de 1.º de julho a 30 de junho.

NOTA: O quadro original é de Américo Firminiano de Moraes, de 8 de julho de 1908, e publicado em seu trabalho "A Casa dos Expostos", no livro organizado pelo provedor da Santa Casa de Misericórdia, Miguel Joaquim Ribeiro de Carvalho, para a Exposição Nacional de 1908, *Notícias dos estabelecimentos mantidos pela Santa Casa de Misericórdia da Cidade de São Sebastião do Rio de Janeiro, op. cit.* Originalmente, o quadro está organizado de ano em ano.

Quadro 2

Rio de Janeiro — Movimento da Casa dos Expostos em 1886, 1887 e 1888, e, Segundo Qüinqüênios, até 1908 *

Anos	Movimento	Menores de 18 meses		Maiores de 18 meses		
		Masc.	Fem.	Masc.	Fem.	Total
1886-1887	Entraram	94	96	—	2	192
	Faleceram nos 8 primeiros dias	13	11	—	—	24
	Restituídos	—	—	3	3	6
	Entregues às criadeiras	—	—	2	2	4
1887-1888	Entraram	64	84	—	2	150
	Faleceram nos 8 primeiros dias	14	19	—	—	33
	Restituídos	3	4	1	—	8
1888-1893	Entraram	290	261	9	9	569
	Faleceram nos 8 primeiros dias	65	46	—	—	111
	Restituídos	11	2	1	6	20
	Entregues às criadeiras	—	1	—	—	1
1893-1898	Entraram	249	256	31	37	573
	Faleceram nos 8 primeiros dias	19	23	—	—	42
	Restituídos	8	3	2	3	16
1898-1903	Entraram	224	247	20	29	520
	Faleceram nos 8 primeiros dias	13	5	—	—	18
	Restituídos	7	4	6	4	21
1903-1908	Entraram	206	184	38	34	462
	Faleceram nos 8 primeiros dias	20	10	—	—	30
	Restituídos	4	4	7	7	22

* Cada ano vai de 1.º de julho a 30 de junho.

NOTA: Extraída do trabalho citado no quadro anterior.

violências cometidas contra essas mulheres e seus filhos recém-nascidos. "Mãe-preta: folclore dos brancos, miséria das negras." [23]

Já era observação dos médicos brasileiros que a alta mortalidade das crianças pequenas estava, em parte, relacionada com o aleitamento mercenário. Crianças entregues a amas-de-leite escravas, sujas e ignorantes, por certo morriam mais facilmente. Por outro lado, pela influência da medicina social européia, principalmente francesa, nossos médicos já sabiam que lá o mesmo sucedia com as crianças, quando entregues ao aleitamento mercenário. Durante o século XIX, vários livros sobre cuidados com as crianças e amamentação materna foram publicados na França, incentivando as mães a darem seus próprios seios aos filhos, com o fim de se reduzir a mortalidade infantil; evidentemente, devem ter influenciado os médicos brasileiros. Apesar de a metrópole fazer restrições no âmbito da educação e da cultura aos filhos de sua grande colônia, muitos brasileiros, durante os séculos XVIII e XIX, cursaram faculdades de medicina, regularmente, em universidades como as de Coimbra, Montpellier, Paris, Edimburgo e outras cidades da Europa.[24] É evidente que a literatura médica francesa exercia influência naquela época, como exerceu até a década de 40 do século XX. Para se conseguir a diminuição da taxa de mortalidade infantil, os médicos tiveram que incentivar a amamentação materna, da mesma forma que os higienistas e moralistas franceses o fizeram a partir das idéias de Rousseau, contidas em seu livro *Emilio,* publicado em 1762.

O hábito do aleitamento infantil por escravas já era antigo no Brasil. Talvez tenha começado desde a importação das primeiras africanas. "De Portugal transmitira-se ao Brasil o costume das mães ricas não amamentarem os filhos, confiando-os ao peito de saloias ou escravas." [25] Essa é uma hipótese para explicar a formação desse hábito. Mas existem outras, como, por exemplo, atribuí-la à moda. Gilberto Freire combate essa última hipótese:

---

23 Magalhães, K.C.M. e Giacomini, S.M. *A escrava ama-de-leite: anjo ou demônio? In* Barroso, C. e Costa, A.O. *Mulher Mulheres.* São Paulo, Cortez, 1983, p. 82.

24 Araújo, A.R. *Assistência médico-hospitalar no Rio de Janeiro no século XIX, op. cit.*, pp. 12 e 13.

25 Freire, G. *Casa-grande & senzala.* Rio, José Olympio, 1947, p. 593.

"Com relação ao Brasil seria absurdo atribuir-se à moda a aparente falta de ternura materna da parte das grandes senhoras. O que houve entre nós foi impossibilidade física das mães de atenderem a esse primeiro dever de maternidade. Já vimos que casavam todas antes do tempo; algumas fisicamente incapazes de ser mães em toda plenitude." [26] Essa hipótese não parece válida. O fato de mulheres terem filhos em idades bem baixas não determina o impedimento de amamentarem seus filhos. Biologicamente, se uma moça é capaz de engravidar, é porque já possui glândulas mamárias capazes de produzir leite. O que ocorre é que a gravidez em mulher muito jovem pode determinar filho de baixo peso ou prematuro. Mas, nesse caso, o impedimento da amamentação seria causado pela debilidade da criança, e não pela "impossibilidade física" das mães — portanto, o recém-nascido não teria forças também para mamar em outra mulher. Gilberto Freire fala em defesa das "grandes senhoras" do século XIX, quanto à "aparente falta de ternura". Acreditamos que a ausência de ternura não é tão aparente, pois tudo indica que o sentimento da infância não existia, naquela época, da mesma forma como existe hoje. A ansiedade e a ternura pelos filhos pequenos, que as mães burguesas possuem atualmente, foram se desenvolvendo aos poucos, através do trabalho persuasivo e persistente de médicos, moralistas e educadores.

Jurandir Freire Costa aventa outras hipóteses sobre o hábito de aleitamento por escravas — como a de que, naquela época, circulava a idéia, vinda da Europa, de que as relações sexuais estragavam o leite e, portanto, a entrega dos filhos a amas-de-leite seria uma forma de o casal não se abster sexualmente. Esse autor, entretanto, considera mais provável que as mães não tivessem conhecimento de que a sobrevida de seus filhos dependia da amamentação materna, e "só a partir do momento em que a vida da criança de elite passou a ter a importância econômico-política que lhe foi dada no século XIX que o aleitamento materno veio a ter essa conotação, ganhando foros de problema nacional".[27]

---

26 *Ibid.*, p. 593.
27 Costa, J. F. *Ordem médica e norma familiar, op. cit.*, p. 256.

Temos a impressão de que, no Brasil, o hábito do aleitamento por escravas se devia a vários motivos simultâneos, e não a um único, exclusivo. O costume, evidentemente, foi trazido pelas portuguesas e aqui encontrou rápida disseminação, pela facilidade na obtenção de escravas amas-de-leite. Por outro lado, as mães que não podiam ou, por qualquer motivo, não queriam amamentar seus filhos, numa época em que não se conhecia a importância da fervura do leite, sabiam que usar leite de vaca era praticamente determinar a morte da criança. A única chance de sobrevivência seria a amamentação por outra mulher, mesmo com a alta mortalidade das crianças pequenas devida a esse costume e considerada natural.

O aleitamento com amas-de-leite de aluguel, apesar de todo o combate pelos médicos, continuou depois de 1888 (Abolição), entrando no comércio do aleitamento mercenário mulheres brancas e pretas brasileiras, portuguesas, espanholas, italianas, alemãs, polacas, árabes, francesas, argentinas e chilenas.[28]

Na verdade, já existiam, em menor escala, desde o tempo da escravidão, mulheres brancas que se faziam alugar como amas-de-leite. Isso porque algumas famílias não queriam que seus filhos fossem amamentados por pretas escravas. Encontra-se, de vez em quando, em jornais, anúncios como este de *A Província,* 20-02-1878: "Ama-de-leite — Precisa-se de uma ama-de-leite branca. Para tratar, rua do Seminário, n.° 8." [29]

O comércio do aleitamento mercenário espalhou-se de tal maneira que os médicos sentiram a necessidade de uma regulamentação oficial.

É o professor Fernando Magalhães [30] quem afirma ser de Mme. Durocher o primeiro projeto de regulamentação de amas-

---

28 Moncorvo Filho. *Higiene infantil. Preleções do curso popular realizado em 1915 no Instituto de Assistência à Infância do Rio de Janeiro.* Rio, Imprensa Nacional, 1917, p. 185.

29 Nosso século, volume *800 Anos de propaganda.* São Paulo, Abril Cultural, p. 5.

30 Magalhães, F. *Obstetrícia no Brasil.* Rio, Leite Ribeiro, 1922, p. 163. Mme. Durocher foi a primeira parteira diplomada pela nova Faculdade de Medicina do Rio de Janeiro, em 1834 — mais tarde, o primeiro e único titular feminino da Academia de Medicina até nossos dias. De grande competência profissional, foi parteira de sua alteza, a princesa Leopoldina.

de-leite, "trabalho acima da época", apresentado à Academia Imperial de Medicina em 1863, mas já enviado à Câmara Municipal do Rio de Janeiro em 1849. Posteriormente, em junho de 1875, o barão do Lavradio solicitou das autoridades a regulamentação do aluguel de amas-de-leite. Daí em diante, pela imprensa, muitos médicos começaram a demonstrar a importância de se criar um serviço para o exame obrigatório das amas-de-leite, que permitisse às famílias um controle sobre a qualidade e quantidade do leite, as condições de saúde e o comportamento das amas, de acordo com os padrões higiênicos.

Na França, em 1874, começou a vigorar uma lei de proteção às crianças pequenas, formulada pelo médico Theophile Roussel, que passou a ser conhecida pelo nome de Lei Roussel. O ponto básico da lei era que toda mulher que quisesse trabalhar como ama-de-leite seria obrigada a munir-se de um certificado da prefeitura indicando o local de sua residência e se seu último filho estava vivo, demonstrando ter ele sete meses completos ou, não tendo essa idade, se era alimentado por outra nutriz nas condições impostas pelo regulamento da administração pública. A imprensa do Rio de Janeiro e os artigos médicos aconselhavam a criação de leis nesse sentido:

> A defeituosa e insuficiente alimentação das crianças é que tem originado o avultado número de óbitos nesta cidade, assunto que nenhuma atenção tem merecido dos poderes competentes [...]. Refiro-me ao Instituto das Amas-de-leite. ["A Palestra do Médico". *A Mãe de Família,* abril de 1879]

> [...] em uma das sessões foi decidido em conformidade com os estatutos da Associação [Associação do Saneamento da Capital Império] se criarem em todas freguesias da Corte *escritórios gratuitos para exame das amas-de-leite.* Distintos colegas membros da Associação se ofereceram para este trabalho. Diversos escritórios foram abertos. Todos os jornais diários gratuitamente anunciaram meses seguidos os lugares e horas para os exames das amas-de-leite, importante garantia para as mães que necessitassem. ["A Palestra do Médico". *A Mãe de Família,* janeiro de 1880].

> Pois bem, ninguém apareceu nesses escritórios! *Ninguém julgou que houvesse necessidade de dar a seus filhos uma ama sadia,* e as torpezas comerciais desse gênero continuaram e continuam em detrimento da saúde e vida dos pobres inocentes, que são tantas vezes *confiados a mulheres de toda a casta, tuberculosas, escrofulosas,*

sifilíticas, anêmicas etc... Pois bem, se assim é, se a vida ou a saúde das crianças também dependem da influência governamental, que ela se exerça sem demora em relação a esse assunto criando-se um Instituto de Ama-de-leite. ["As amas-de-leite". *A Mãe de Família* janeiro de 1880].[31]

Moncorvo Filho, em 1901, fundou o Instituto de Proteção e Assistência à Infância do Rio de Janeiro, com um "rigoroso e metódico serviço de exames e atestação das nutrizes mercenárias"; em 1903, apresentou, no V Congresso Brasileiro de Medicina, dois projetos de lei concernentes à proteção da infância pela fiscalização oficial do aleitamento mercenário. O segundo projeto é semelhante à Lei Roussel, e Moncorvo Filho lamenta: "Este projeto, cuja execução tão proveitosa seria às nossas condições sociais, embora a lisonjeira opinião que em torno dele se formou, teve o destino de quase tudo entre nós lembrado para amparar a infância: — não ter execução, sendo apenas inserto nos anais do V Congresso Médico." [32]

O puericultor Dr. Clemente Ferreira, baseando-se nas idéias e no serviço criado no Rio de Janeiro pelo Dr. Moncorvo Filho, conseguiu, em julho de 1905, instalar em São Paulo, na Assistência Pública, com regulamentação oficial, um serviço de exame de amas-de-leite mercenárias.[33]

Com o tempo, o Serviço do Dr. Moncorvo Filho foi se aprimorando, fornecendo carteira com atestado, os exames sendo cada vez mais rigorosos. Com orgulho de bom brasileiro, o criador diz em seu livro: "De ano para ano aperfeiçoando o Serviço que, no Dispensário Moncorvo, instalei, consegui que chegasse a ser, segundo o que conheço, o melhor do mundo." [34]

As estatísticas do Serviço de Amas-de-leite do Dispensário Moncorvo mostram a grande rejeição de amas mercenárias sub-

---

31 Esses trechos da revista *A Mãe de Família* foram citados por Magalhães, E. K. C. e Giacomini, S. M. "A escrava ama-de-leite: anjo ou demônio?", *in* Barroso, C. *et allii. Mulher Mulheres.* São Paulo, Cortez, 1983.

32 Moncorvo Filho. *Higiene infantil.* Rio, Imprensa Nacional, 1917, pp. 169-173. Os dois projetos de lei estão citados na íntegra nesse livro de Moncorvo Filho.

33 *Ibid.*, p. 173.

34 *Ibid.*, p. 173.

metidas a exames, e também que mulheres brancas entraram no comércio. (Ver Quadro 3, retirado do citado livro de Moncorvo Filho.)

Quadro 3
Dispensário Moncorvo — Exames de Amas-de-leite no Período de 12 Anos e Meio (de 14 de Julho de 1901 a 31 de Dezembro de 1913), Segundo Nacionalidade

Nacionalidade	*Atestadas*	*Rejeitadas*	*Total*
Brasileiras	283	479	762
Portuguesas	283	414	697
Espanholas	118	105	223
Italianas	23	26	49
Alemãs	2	2	4
Polacas	1	0	1
Árabes	1	1	2
Francesas	1	1	2
Argentina	0	1	1
Chilena	0	1	1
	712	1030	1742

Das brasileiras, discriminando-se pela cor, encontram-se os seguintes dados:

	Brancas	*Mestiças*	*Pretas*	*Total*
Atestadas	35	91	157	283
Rejeitadas	86	172	221	479

Quanto às causas de rejeição, a maior percentagem era por doenças do aparelho geniturinário. Depois, vinham, por ordem, a tuberculose, o fato de não querer sujeitar-se ao exame ginecológico, insuficiência láctea, sífilis, doenças da pele (um caso de lepra, 12 de sarna e dois de furunculose), doenças do aparelho respiratório, miséria fisiológica, imundície extrema, afecções do seio, alcoolismo, gripe, epilepsia, histeria e falta de vacinação.

Era evidente que os puericultores, ao disciplinarem a profissão de ama-de-leite, exigindo exames médicos para o fornecimento de carteira de habilitação às nutrizes mercenárias, estavam ao mesmo tempo dificultando o comércio de amas de aluguel e controlando a saúde das populações pobres, tornando-as menos perigosas para as classes ricas. A pediatria social tornava-se, assim, uma medicina de classe, mesmo porque não existia a reciprocidade de exame da criança que a nutriz ia amamentar. Muitas nutrizes contaminaram-se com bebês sifilíticos.

Apesar dos grandes progressos que a bacteriologia trouxe à higiene infantil no fim do século XIX (as descobertas de Pasteur, os estudos sobre a conservação do leite de vaca), verdadeira revolução em matéria de aleitamento, o comércio de amas-de-leite continuou próspero, na França e em vários lugares do mundo, até a Primeira Guerra Mundial.

Depois da Guerra, abriu-se um grande mercado de trabalho para as mulheres nas fábricas e em vários outros setores de atividade, que antes só eram ocupados por homens. Com isso, as nutrizes mercenárias desapareceram. Conta Martagão Gesteira, em seu livro *Puericultura,* que estava "em Paris, em 1920, quando certo puericultor de renome, numa crônica no *Le Matin,* focalizava a atenção para as dificuldades com que os médicos de crianças se esbarravam naquele momento na França, país onde a nutrição mercenária tanto se desenvolvera, para se obter uma ama-de-leite e afirmava estar morrendo a velha indústria".[35]

Com a entrada em massa das mulheres na força de trabalho dos países industrializados, tornou-se necessária a utilização de leite conservado, o que acarretou o desenvolvimento de técnicas industriais para conservação do produto, sob a forma de leite em pó.

O primeiro a aparecer foi o leite condensado açucarado, aliás já difundido entre nós desde o início do século XX. É interessante o fato de a indústria européia ter criado o leite condensado e fazer propaganda do mesmo nas colônias e países tropicais como substituto do leite materno, mas não o promover para a alimentação infantil de seus respectivos países. Só depois de muito tempo é que os pediatras desses países passaram a perceber

35 Gesteira, M. *Puericultura, Higiene alimentar e social da criança.* Rio, Pan-Americana, 1943, p. 87.

virtudes no leite condensado. Mais uma vez, as colônias e os países tropicais dependentes eram campo de experiência de produtos industriais. Martagão Gesteira, em seu livro já citado, relata: "Vale notar que antes da guerra mundial de 1914, o leite condensado não era empregado para a alimentação infantil na França, como se vê pelo Tratado de Marfan, nem mesmo na Suíça, donde provinha aliás antigamente todo o leite condensado que entre nós era de longa data, a julgar pelo menos pela minha observação na Bahia, muito largamente empregado na falta do leite de mulher. Quer isso dizer que o leite condensado, fabricado na Suíça, se destinava, principalmente, à exportação: era produto de conserva fabricado quase que só para as colônias e os países tropicais. Os pediatras europeus, com exceção de alguns raros na Inglaterra, dele quase não se serviam. As dificuldades criadas pela guerra à obtenção de leite fresco na França, forçavam o emprego ali, em larga escala, do leite condensado [...]." [36]

Nas décadas de 20 e 30, aos poucos, o leite em pó foi suplantando o leite condensado. Cada vez mais a indústria modificava, sofisticava e criava novos tipos de leite em pó. A propaganda intensa, junto a pediatras, maternidades e mães, do leite em pó como substituto do leite materno tornou essa indústria uma das mais prósperas do mundo, e algumas companhias se tornaram poderosas multinacionais. A amamentação materna começou novamente a ser menos freqüente, tudo isso facilitado pela propaganda de leites industrializados e pelo desinteresse dos próprios pediatras e puericultores no incentivo às mães.

36 *Ibid.*, p. 236.

4

INSTITUIÇÕES ASSISTENCIAIS E MEDIDAS LEGISLATIVAS

Não foram somente as ações individuais de médicos e puericultores junto às famílias que promoveram a melhoria dos cuidados às crianças no século passado. A situação da infância, principalmente das classes pobres, sempre foi precária, através dos séculos. No decorrer do tempo, foram aparecendo instituições de amparo e assistência às crianças abandonadas que, de início, eram custeadas por filantropos e organizações religiosas, e, praticamente só neste século, foram sendo assumidas pelos poderes oficiais. Ao lado dessas instituições, foi se formando um corpo de medidas legislativas de amparo à maternidade e à infância em todos os países do mundo. No Brasil, o desenvolvimento das medidas de assistência à criança sempre se fez com certo atraso em relação a outros países.

Uma das primeiras instituições criadas no Brasil, com a finalidade de assistir crianças abandonadas, foi a Casa dos Expostos, também chamada Casa da Roda, mantida pela Santa Casa de Misericórdia do Rio de Janeiro e fundada em 1738, como relatamos, em esboço histórico, páginas atrás. É interessante notar que o fenômeno do abandono de crianças sempre foi essencialmente urbano; por isso, outras cidades do Brasil tiveram sua roda. A de Salvador, na Bahia, instituída em 1726, é anterior à do Rio de Janeiro. A partir desse ano, começaram os registros, em livros, de enjeitados, mas tanto o primeiro como o segundo volume se perderam. Só a partir do terceiro (1757-63) é que se tem idéia geral do número, cor, idade e possível origem social dos enjeitados.[1]

---

1 Russel-Wood, A.J.R. *Fidalgos e filantropos. A Santa Casa de Misericórdia da Bahia — 1550-1755.* Brasília, Editora da Universdade de Brasília,

Relatos da época mostram que o número de crianças abandonadas nas ruas de Salvador causava escândalo. As mães deixavam os filhos à noite nas ruas sujas e estes eram freqüentemente devorados por cães, porcos ou outros animais. Outras vezes, morriam de fome ou de exposição aos elementos. Certas mães deixavam os filhos nas naves das igrejas ou às portas de conventos. Mas o que fazia com que pessoas da sociedade decidissem criar instituição que os assistissem não eram tanto esses acontecimentos em si: "[...] o fator determinante da extraordinária decisão foi a atitude muito católica de ver em cada criança morta não um corpo mutilado, mas uma alma que não recebera batismo da Igreja Católica".[2]

Antes da criação da Roda dos Expostos, tanto a Câmara Municipal como a Misericórdia da Bahia adotavam o sistema de colocar os enjeitados em casas particulares, conhecido como "colocação familiar". Consistia em pagar uma ama-de-leite durante três anos para fornecer leite, alimentação e roupa, e cuidar da criança. Com esse sistema, nos anos de 1699-1726, cerca de 121 enjeitados foram abrigados em lares com amas-de-leite por conta do Município. Mais da metade deles morreu nos três primeiros anos da assistência.

De quando em vez, havia escândalos entre famílias importantes da sociedade baiana, e a honra das moças solteiras precisava ser preservada a todo custo. O preconceito contra a mãe solteira crescia na proporção da posição social e da brancura da pele, daí o filho ilegítimo dessas moças ser fatalmente colocado na roda.

Em uma sociedade constituída de várias raças, era de se esperar que a predominância dos enjeitados fosse dos que tinham pais negros, dada a situação de pobreza dessas pessoas e também por se julgar existir entre elas maior índice de ilegitimidade. Entretanto, Russel-Wood, no livro citado, mostra que nos últimos três meses do ano de 1757 foram deixadas na roda 23 crianças, sendo somente quatro "de cor" e as 19 restantes, brancas. "Em

---

1981. Nesse livro há um capítulo sobre a "Roda dos Expostos" da Bahia (p. 233).

2 *Ibid.*, p. 240.

1758, foram deixadas na roda 79 crianças, sendo que 55 eram brancas e somente 24 eram de cor. Os registros dos anos posteriores mostram sempre a predominância de crianças brancas."

As taxas de mortalidade, na Bahia, entre as crianças até cinco anos, era elevada, e também muito grande entre os enjeitados da roda. Em 1758, do total de 79 crianças recebidas pela Misericórdia, morreram 49. Mas a assistência não melhorou no decurso dos anos, pois quase dois séculos depois, no decênio de 1920 a 1930, janeiro a janeiro, foram internadas na roda da Bahia 1.530 crianças, e delas faleceram 1.153, sobrevivendo somente 387, com a elevada taxa de mortalidade de 753,5 por mil.[3] A roda da Bahia foi fechada em 1935, depois de uma campanha realizada por Martagão Gesteira, ilustre pediatra baiano.

A cidade de São Paulo também teve sua roda, a qual foi inaugurada em 2 de julho de 1825, juntamente com o Hospital de Caridade da Santa Casa de Misericórdia.

Até meados de 1825, as crianças paulistanas indesejáveis eram expostas nas portas de casas de particulares, em lugares públicos, igrejas, ruas, ou atiradas, às vezes, em montes de lixo. Parece que o lugar preferido pelas mães ou parteiras eram as casas dos parentes, as residências de pessoas reconhecidamente caridosas ou até mesmo as dos próprios pais. As expostas recolhidas pelos avós eram batizadas e criadas como "afilhadas".[4] Esse modo de proceder era adotado, também, em outras cidades, como o Rio de Janeiro. Altas personalidades da história do Brasil expuseram seus filhos em casas de parentes, os quais, posteriormente, os reconheceram. Um exemplo é o caso de Isabel, nascida em 24 de maio de 1824 e filha de D. Pedro I e Domitila de Castro, a marquesa de Santos, "batizada na Matriz de São Francisco Xavier do Engenho Velho, como filha de pais incógnitos, e exposta em casa do coronel João de Castro, avô e solícito comparsa".[5]

---

3 Audiface, E. *A história da pediatria social na Bahia.* Trabalho apresentado à Academia de Medicina da Bahia, Salvador, 1980.

4 Mesgravis, L. *A Santa Casa de Misericórdia de São Paulo (1599? — 1884). Contribuição ao estudo da assistência social no Brasil.* São Paulo, Conselho Estadual de Cultura, 1976, p. 178.

5 Sousa, O.T. *A vida de D. Pedro I.* Rio, José Olympio, vol. II, 1952, p. 676.

Dois anos depois, D. Pedro, indiferente a qualquer obstáculo, diante da sua posição de monarca e casado, resolveu reconhecer solenemente a bastarda como filha e conferir-lhe direitos ligados a sua origem paterna.

Conta Octavio Tarquinio de Sousa que, "para comemorar o segundo aniversário da menina, nada achou melhor D. Pedro do que reconhecê-la expressamente por este documento: 'Declaro que houve uma Filha de mulher nobre e limpa de sangue a qual ordenei que se chamasse Dona Isabel Maria de Alcântara Brasileira, e a mandei criar na casa do Gentil Homem da Minha Imperial Câmara João de Castro Canto e Melo. E para que isto a todo tempo conste, Faço esta expressa Declaração, que será registrada nos livros da Secretaria de Estado dos Negócios do Império, ficando o original em mãos do mesmo Gentil Homem da Imperial Câmara para ser devidamente entregue à dita minha Filha, como seu título. Palácio do Rio de Janeiro, vinte e quatro de maio de mil oitocentos e vinte e seis. Quinto do Império e da independência. Imperador."[6] Antes desse reconhecimento, houve diligências, com o fim de alterar o registro na Igreja. Apesar da relutância das autoridades eclesiásticas, foi feita a retificação. A "filha de pais incógnitos e exposta" passou a aparecer no registro como filha do imperador e "rebatizada" com o sobrenome de "Alcântara Brasileira", ainda acrescido do nome Maria após Isabel. Além do mais, a menina foi agraciada com o título de duquesa de Goiás e o tratamento de alteza.

Outra filha de D. Pedro com a marquesa de Santos, D. Maria Alcântara Brasileira, nascida em São Paulo a 28 de fevereiro de 1830, foi batizada a 24 de maio de 1831 com a declaração de exposta na casa da viscondessa de Castro. A menina recebeu o título de condessa de Iguaçu.

Outra figura importante da história antiga paulista e brasileira citada como tendo sido "criança exposta" foi o padre Diogo Antônio Feijó [7]

Com a inauguração da roda em São Paulo, era natural que os mesmos desvirtuamentos do uso ocorridos em outras cidades

---

6 *Ibid.*, p. 677.
7 Mesgravis, L., *op. cit.*, p. 178.

favorecessem a mudança dos costumes; com isso preservava-se a honra das moças solteiras. Mesgravis cita a dificuldade de se saber o número de expostos que saíram e entraram na roda de São Paulo por causa do desaparecimento dos Livros de Entradas, mas conseguiu informação de que a Irmandade amparou 106 crianças no decênio 1864-1874, sendo 31 do sexo masculino e 66 do feminino, das quais faleceram 35, ou seja, 1/3 do total.[8] Como em Salvador e no Rio, a taxa de mortalidade das crianças expostas era alta. Se a roda da Casa dos Expostos do Rio de Janeiro desapareceu na década de 1940, a de São Paulo foi extinta em 1950, sendo a última do Brasil.

No Rio de Janeiro, além da Casa dos Expostos, inaugurou-se, em setembro de 1740, um recolhimento para órfãs indigentes ao lado do Hospital da Santa Casa de Misericórdia, que mais tarde daria origem ao Recolhimento das Órfãs Desvalidas de Santa Teresa.

O hospital precisava desse recolhimento porque ocorria com certa freqüência a morte de mulheres internadas com crianças pequenas e que não possuíam parentes a que se pudesse entregá-las, ficando, assim, sob a guarda das irmãs e outros funcionários. Esse problema tornou-se mais agudo depois do ano de 1850, com as grandes epidemias de febre amarela, cólera e varíola que se abateram sobre a cidade. Em 1853, foi inaugurada a enfermaria da Gamboa, germe do futuro Hospital Nossa Senhora da Saúde, destinada a portadores de moléstias epidêmicas e contagiosas, para atender ao grande número de vítimas das várias epidemias. Oscar de Macedo Soares, mordomo do Hospital N. S. da Saúde, em 1908, fazendo um esboço histórico do nosocômio, relata alguns dados sobre as epidemias da cidade após a inauguração da enfermaria da Gamboa, em 1853. Eis alguns tópicos:

> [...] recebia em setembro de 1853, dois meses depois da instalação, a primeira leva de variolosos e em dezembro do mesmo ano a primeira de febre amarela, cuja epidemia se prolongou até maio de 1854.
>
> Em setembro de 1854, reapareceu a varíola durando três meses, ceifando grande número de vidas.
>
> Em dezembro apareceu a cólera morbus...

8 *Ibid.*, p. 186.

Em junho de 1855 a Enfermaria regorgitava de coléricos quando recebeu a visita do Imperador. A mortalidade regulava de 25 a 30 coléricos por dia.

No mesmo ano, em dezembro, a cólera foi substituída pela febre amarela que fez muitas vítimas.

O número de doentes aumentava de ano a ano acometidos pelas três terríveis epidemias. No primeiro ano, em 1853, tiveram entrada 391 enfermos; em 1854, 736; em 1855, 819.

[...] em janeiro de 1856 mais quatro enfermarias [...]

[...] Em setembro seguinte surgiu a varíola e em dezembro a febre amarela. Nesse ano entraram 1904 enfermos.

Em setembro [1857] a varíola foi o primeiro hóspede, instalando-se nas enfermarias até dezembro. Seguiu-se-lhe em janeiro de 1858 a febre amarela, fazendo numerosas vítimas.

Houve um pequeno armistício até 1860 em que reapareceu violenta a febre amarela [...].

[...] 1862 a febre amarela cessou, havendo apenas casos isolados [...]

Em setembro reapareceu a terrível epidemia que não cessou até dezembro de 1864.

....

A cólera e a febre amarela reapareceram em 1867, sendo pela primeira, de preferência, atacados os militares de terra e mar e marinheiros estrangeiros, fazendo 180 óbitos. Era tal a quantidade de doentes de ambas as epidemias, que em março foi preciso transferir parte deles para o Hospital Geral.

[...] [1868] reapareceu a cólera atacando de preferência as praças da guarnição e em maior número os alunos da Marinha. Morreram 110.

Nova invasão da febre amarela em 8 de abril de 1869, terminando em agosto, para reaparecer em janeiro do ano seguinte, recrudescendo em fevereiro.

Em dezembro reapareceu a febre amarela. Até julho de 1870 foram recebidos 1.034 doentes, faleceram 333. Em fins do mesmo mês de julho veio a varíola unir-se a sua companheira de desgraças, completando o ano.

A varíola em junho de 1872, chegando ao seu auge em novembro para desaparecer em princípios de 1873 e dar lugar à febre amarela que extinguiu-se em maio [...].

O ano de 1874 começou com a febre amarela e a varíola.

....

Em fevereiro de 1875 reapareceram a varíola e a febre amarela [...]. A epidemia, recrudescendo em outubro de 1877, foi preciso construir-se uma ponte para embarque e remoção dos cadáveres por via marítima para o cemitério do Caju.

Em julho de 1879 [...] mas a visita anual da epidemia era certa, infalível, com a regularidade do relógio, sucedendo a varíola à febre amarela, sem descanso para o pessoal do hospital, até que em 1888 o governo resolveu criar os hospitais de isolamento de Santa Bárbara e São Sebastião, destinados ao tratamento dos variolosos e amarelentos.[9]

Era natural que nesses anos terríveis ocorressem mortes até de famílias inteiras. Outras vezes, era preciso recolher crianças que acompanhavam suas mães enfermas, não havendo quem delas tomasse conta até as progenitoras se restabelecerem. No caso de falecimento das mães, as crianças ficavam sob a guarda do hospital. Também ocorria ser preciso recolher crianças internadas por doenças e restabelecidas, mas que não tinham a quem serem entregues. Em 1862, no recolhimento do Hospital N. S. da Saúde, existiam várias crianças cujos pais, estrangeiros, haviam falecido, vitimados por epidemias, deixando-as ao desamparo.

Na segunda metade do século XIX, foram criadas várias instituições assistenciais para crianças, mas na verdade muito poucas para as necessidades do Brasil daquela época.*

A Policlínica Geral do Rio de Janeiro, que até hoje presta relevantes serviços à cidade, está ligada à história da pediatria brasileira. Foi inaugurada em 28 de junho de 1882, com a presença do imperador, no pavimento térreo do velho prédio do Arquivo Público na Rua dos Ourives, onde funcionou por alguns

---

9 Macedo Soares, O. "Hospício de N. S. da Saúde". *In Notícias dos diversos estabelecimentos mantidos pela Santa Casa de Misericórdia da cidade de São Sebastião do Rio de Janeiro, op. cit.*, pp. 36-41.

* Em 1854, foi criado no Rio de Janeiro o Imperial Instituto de Meninos Cegos, "para promover a instrução gratuita das crianças destituídas da função visual", o qual veio a se transformar no Instituto Benjamin Constant que ocupa belo edifício desde 1890, na Avenida Pasteur. O Instituto de Surdos-Mudos teve início em 1855 e em 1881 veio a ocupar sua sede própria na Rua das Laranjeiras.

Em 1873, o Governo imperial fundou no Rio de Janeiro a Escola de Aprendizes de Marinheiro, para os meninos abandonados maiores de 12 anos. Em 1875, foi fundado, também no Rio de Janeiro, um Asilo de Meninos Desviados (Instituto João Alfredo). Em 1876, foram criados três Institutos de Menores Artífices em Minas Gerais.

anos a Academia Imperial de Medicina. Foi aí que Moncorvo, pai, ministrou os primeiros cursos, no Brasil, sobre doenças de crianças. A inauguração do primeiro deles, a 2 de agosto do mesmo ano, marca o início do ensino da pediatria no Brasil. Em 25 de fevereiro de 1882, Moncorvo já havia enviado memorial ao Governo pedindo a criação de uma cadeira de clínica infantil nas faculdades de medicina brasileiras, o que se concretizou em 30 de outubro do mesmo ano. No memorial, Moncorvo mostra claramente que as "classes dirigentes" do Império já se preocupavam com a questão da população e que, com criação da cadeira de doenças das crianças, o Governo demonstraria ser a mortalidade infantil não somente um problema médico, mas também político. Em um trecho do memorial, lê-se: "Em nosso país em que a questão população se constitui desde há muito uma das preocupações mais sérias das classes dirigentes, a freqüência das moléstias que afetam a infância, tanto da primeira como da segunda idade, avulta sobremodo em relação ao que se pode observar em outros países do velho e do novo mundo." [10]

Não foi Moncorvo o primeiro professor da cadeira. Manobras políticas modificaram o decreto, exigindo concurso para provimento, com o que ele não concordou. Barata Ribeiro foi candidato único e obteve a cadeira, que se chamava pediatria médico-cirúrgica.[11]

Moncorvo morreu em 1901. Nesse mesmo ano, seu filho fundou o Instituto de Proteção e Assistência à Infância do Rio de Janeiro e, como vimos páginas atrás, Clemente Ferreira, da primeira geração de pediatras formada por Moncorvo, instalou em São Paulo, em 1905, um serviço de exames de amas-de-leite.

Em 1910, é criada e inaugurada por um filantropo a Policlínica das Crianças, cujo primeiro diretor foi Fernandes Figueira.

---

10 Moncorvo, pai. "Memorial ao Governo Imperial sobre os motivos que justificam a criação de uma cadeira de clínica de moléstias de crianças nas faculdades de medicina". Publicado na íntegra *in* Rocha, J.M. ***Introdução à história da puericultura e pediatria no Brasil (1500-1882), op. cit.***, p. 53.

11 Telles, W. "Um século de pediatria". *Jornal de Pediatria,* 54:206, 1983.

Nesse mesmo ano, esse pediatra fundou a Sociedade Brasileira de Pediatria.

Nas duas primeiras décadas deste século, houve um incremento do interesse em torno da criança. Criaram-se creches, jardins de infância, maternidades, cursos, publicações, além de se realizarem encontros. Em 1908, inaugurou-se a "primeira creche popular cientificamente dirigida a filhos de operários até dois anos".[12] O interesse foi mais do setor privado que do público, pois as autoridades governamentais permaneceram inertes. Esse movimento, entretanto, não tem espontaneidade nas classes dominantes, como pode parecer à primeira vista. Havia pressões por parte das classes pobres. As duas primeiras décadas são cheias de manifestações populares, greves, agitações violentas e até mesmo radicais, lideradas pelo operariado, que crescia nas grandes e médias cidades, mas pobre e vivendo em condições extremamente miseráveis. Por outro lado, o custo de vida aumentava continuamente, levando a explosões de revolta por parte das populações carentes: na cidade do Rio de Janeiro, principal centro industrial do país, havia, em 1906, 118.770 operários em uma população de 811.443 habitantes — ou seja, cerca de 15% do total.

Para se ter idéia da intensidade dos movimentos operários nas duas primeiras décadas, um estudo estatístico de Edgar Rodrigues mostra a situação: foram realizadas no Brasil, no período 1900-1910, 111 greves e, no período 1910-1920, 258 — excluídas pelo autor, neste último período, as greves dos anos de 1917 e 1918.[13] Outro pesquisador conseguiu levantar a ocorrência de mais de 200 greves, somente nos anos de 1917 a 1920, no Rio de Janeiro e no Estado de São Paulo.[14]

A industrialização do país começara lentamente nas últimas décadas do século XIX. A partir de 1840, à medida que aumen-

---

12 Kramer, S. *A política do pré-escolar no Brasil. A arte do disfarce.* Rio, Achiamé, 1982, p. 54.

13 Rodrigues, E. *Trabalho e conflito. Pesquisa 1906-1937* (título que aparece na capa). Na página de rosto está: *Trabalho e conflito. (Pesquisa histórica — 1900-1935).* Rio, edição do autor, 1975, p. 371.

14 Fausto, B. *Trabalho urbano e conflito social (1890-1920).* São Paulo, Difel, 1976, pp. 253-73.

tava o número de fábricas de tecidos, era cada vez maior o número de mulheres e de menores ganhando salários inferiores aos dos homens. Muitos menores eram recrutados nos asilos de órfãos e nas instituições de caridade. Havia meninos e meninas de cinco ou seis anos trabalhando 12 horas diárias na indústria têxtil. No interior de Minas Gerais, em 1883, o gerente da tecelagem União Itabirana pediu ao Governo um subsídio para a indústria têxtil, argumentando que as fábricas formariam profissionalmente os meninos pobres e os órfãos.[15] Nas primeiras décadas do século XX, mulheres ainda grávidas e crianças de tenra idade eram obrigadas a mourejar nos serviços mais pesados e penosos durante mais de 12 horas por dia, com salários ínfimos, a fim de poderem contribuir, de qualquer forma, com alguma coisa, para o minguado orçamento doméstico. Citando um livro de seu pai, escrito precisamente em 1905, ano em que se inaugurava a Avenida Rio Branco, Evaristo de Moraes Filho relata um trecho que fala da existência de fábricas onde trabalhavam crianças de sete e oito anos, junto a máquinas, com perigo de sofrerem terríveis acidentes. Diz também que o trabalho noturno das crianças era praticado em certas fábricas e relata que, meses antes, todos os jornais noticiaram que, em certa fábrica, "uma operária de seis anos (!) [a exclamação é do próprio autor] fora colhida por aparelho mecânico, que a deformara para sempre".[16] As condições de vida do operariado são o reflexo do sistema de trabalho, seja em São Paulo ou no Rio de Janeiro. Os relatos da época mostram que os bairros dessa gente são antros fétidos que servem de habitação a milhares de famílias. Os aluguéis são caros, o custo de vida é alto, daí os salários serem insuficientes para o sustento da família e ser necessário o trabalho de mulheres e crianças.

Com toda essa situação, era natural que os movimentos sociais e as greves se intensificassem, assustando as classes média e superior. A burguesia paulista, em 1914, faz um "apelo à socie-

---

15 Foot, F. e Leonardi, F. *História da indústria e do trabalho no Brasil (das origens aos anos vinte).* São Paulo, Global, 1982, p. 116.

16 Moraes, Filho, E. "O movimento social na primeira década do século". *In Brasil 1900-1910.* Rio, Biblioteca Nacional, 1980, 3.º vol., p. 18.

dade paulista" para que auxilie os necessitados.[17] O Governo reprime com violência toda manifestação do povo.

Em 1919, a equipe fundadora do Instituto de Proteção e Assistência à Infância, no Rio de Janeiro, criou o Departamento da Criança no Brasil, cuja responsabilidade caberia ao Estado. Pelo menos era essa a intenção de Moncorvo Filho; mas ele nunca conseguiu mais que o reconhecimento do órgão como de utilidade pública, em 1920. O Departamento, que sobreviveu até 1938 (em 1940, foi criado o Departamento Nacional da Criança, no Ministério da Educação e Saúde Pública), sempre foi mantido pelo Instituto e por recursos do próprio Moncorvo Filho.

Na verdade, desde o século XVII, a assistência social no Brasil foi sempre privada, antecipando-se à ação governamental, até a década de 30 deste século, quando o Estado começou a se atribuir e assumir a proteção à infância, mas sempre convocando indivíduos e associações particulares a colaborarem monetariamente com as instituições assistenciais. Percebem-se nessa atitude duas tendências que até os dias atuais caracterizam o atendimento à criança: o Governo proclama sua importância e mostra a impossibilidade de arcar com ele pelas dificuldades financeiras em que se encontra. O atendimento não constitui direito, mas favor. Ambas as tendências ajudam a esconder que o problema da criança se origina na divisão da sociedade em classes sociais.[18]

Quanto às medidas legislativas beneficiando a criança e a mãe grávida, promulgadas no Império e na Primeira República, foram letras mortas. Não passaram de boas intenções. Algumas não foram mais que propostas, como a de José Bonifácio à Assembléia Constituinte de 1819. A emenda era a seguinte: "A escrava durante a prenhez e passado o terceiro mês não será forçada a serviços violentos e aturados. No oitavo mês será ocupada somente na casa; depois do parto terá um mês de convalescença e passado este, durante um ano não trabalhará longe da cria."[19] É evidente que em uma Assembléia escravocrata tal emenda não

---

17 Carone, E. *A república velha. Instituições e classes sociais (1889-1930).* Rio, Difel, 4.ª ed., 1978, p. 189.

18 Kramer, S. *op. cit.*, p. 64.

19 Gesteira, M. *Puericultura (higiene alimentar e social da criança).* Rio, Pan-Americana, 1943, p. 410.

passaria; pelo contrário, deve ter até causado mofa. Coube, entretanto, a José Bonifácio o mérito de ser um dos primeiros do mundo a tentar criar uma legislação de cunho materno-infantil.

Só em 1891, já no início da Primeira República, houve um decreto relativo ao trabalho de menores e mulheres nas fábricas, que jamais foi cumprido. Posteriormente, o Decreto 16.300, de 31 de dezembro de 1923, que reorganizou e regulamentou o Serviço de Saúde Pública, proibia o trabalho das operárias no último mês de gravidez e no primeiro após o parto, obrigava os donos de fábricas em que trabalhavam mulheres a instalar salas de aleitamento materno e providenciava a regulamentação das creches e a organização dos serviços das amas-de-leite, obrigando-as a exames médicos e impedindo-as de alugar seus serviços até que seus filhos completassem sete meses. Também proibia a "roda de enjeitados". Como as outras, essa lei foi também letra morta. A primeira parte, referente às obrigações dos donos de fábricas, provocou protesto do Conselho do Trabalho, o que embaraçou sua aplicação.[20]

Depois de 1930, as leis trabalhistas, defendendo a mulher e as crianças, começaram a ser cumpridas e respeitadas na medida das possibilidades de fiscalização governamental. Ao mesmo tempo, criaram-se os Institutos de Aposentadoria e Pensões e valorizou-se a política de assistência à infância, com a transformação da antiga Inspetoria de Higiene Infantil, criada pela Lei 16.300, de 1923, em Diretoria de Proteção à Maternidade e à Infância, com amplas atribuições, pelo Decreto 24.278, de 22 de maio de 1934. Em 1937, essa Diretoria é elevada a Divisão de Amparo à Maternidade e à Infância e, em 1940, pelo Decreto 2.024, de 17 de fevereiro, passa a Departamento Nacional da Criança, importante órgão do Ministério da Educação e Saúde Pública. Essas medidas federais influíram de maneira favorável na política de assistência materno-infantil, em vários Estados da federação e em inúmeros municípios, no sentido de se criar e ampliar, com atos e decretos, a assistência à maternidade e à infância.

Em 1941, foi criado o Serviço de Assistência a Menores (SAM), vinculado ao Ministério da Justiça e Negócios Interiores,

20 *Ibid.*, p. 411.

para atendimento de menores de 18 anos, abandonados e delinqüentes. Durante a ditadura Vargas, no Estado Novo, o discurso governamental dava ênfase às relações entre "pátria", "criança" e "raça", como também encorajava a natalidade.*

O Departamento Nacional da Criança sempre teve atuação no campo médico e higiênico. Seus programas eram sobre vacinações, pesquisas de cunho médico, campanhas contra a desnutrição, cursos de puericultura e auxílios técnicos a hospitais, maternidades e instituições médico-assistenciais destinadas à infância.

Em meados da década de 60, começou a haver o desprestígio e o enfraquecimento progressivo do Departamento Nacional da Criança. Os cursos que o Departamento ministrava passaram para a Fundação de Ensino Especializado de Saúde Pública. Em 1966, seu Serviço de Estatística foi para o do Ministério da Saúde. Mas a coisa não parou aí. Em 22-05-1970, um decreto promoveu a reforma administrativa do Ministério da Saúde, e o Departamento Nacional da Criança foi rebaixado e transformado em Coordenação de Proteção Materno-Infantil ** e, posteriormente, em Divisão Nacional de Proteção Materno-Infantil.

---

* Em um livro de discursos de Isaías Alves cujo título é bastante sugestivo (*Educação e brasilidade (Idéias-forças do Estado Novo)*, José Olympio, 1939), lê-se na p. 42: "Criança que é a esperança do futuro da Pátria." Na p. 54: "As novas gerações devem ser eugenicamente defendidas do ponto de vista biológico e do espiritual." Na p. 48: "[...] chegando ao Rio de Janeiro, movimento que organizou o Congresso da Criança, criou institutos de proteção e assistência à infância, produzem esse sugestivo ambiente, essa onda que nos está envolvendo levando-nos à compreensão dos problemas eugênicos, biológicos, aplicados na defesa da raça."

Martagão Gesteira foi trazido por Getúlio Vargas da Bahia para o Rio de Janeiro em 1937, ocupou a cátedra de puericultura e clínica da primeira infância da Faculdade Nacional de Medicina e foi Diretor do Departamento Nacional da Criança. No prefácio do seu já citado livro *Puericultura,* de 1943, diz: "[...] ensinar e propagar as noções da puericultura é dever de patriotismo.[...]". Nas pp. 397 e 398, entre os "valiosos e respeitados princípios capitais" de amparo à mãe e às crianças, encontram-se: "assistência à família numerosa" e "encorajamento à natalidade".

** A maneira intempestiva com que foi extinto o Departamento Nacional da Criança, creio dever ser contada para mostrar a atitude humilhante sofrida pelo seu diretor na época, um dos pediatras mais ilustres do país,

É fácil observar que a ênfase na assistência à infância decresceu a partir de meados da década de 60. Como se viu anteriormente, desde 1930 o crescimento do interesse do Governo por uma política de amparo à criança fora demonstrado pela elevação da antiga Inspetoria de Higiene Infantil a Diretoria de Proteção à Maternidade e à Infância, depois a Divisão de Amparo à Maternidade e à Infância, culminando na passagem a Departamento Nacional da Criança, em 1940. Depois de 1965, o caminho foi inverso, influindo de maneira negativa em todos os Estados e municípios do país. O Departamento da Criança e do Adolescente do Estado da Guanabara, por exemplo, logo depois do rebaixamento do Departamento Nacional da Criança, também passou a ser uma simples Assessoria Materno-Infantil.

A partir de 1965, o país assistiu ao desencadeamento de uma intensa propaganda antinatalista com o fim de evitar a temida explosão demográfica. O financiamento das campanhas de limitação da natalidade era feito, de início, por entidades privadas estrangeiras, tais como a Ford Foundation e a Rockefeller Foundation. No Brasil, a maior divulgadora, que age concretamente junto a mulheres por meio de "clínicas" instaladas em vários Estados e que recebe benefícios diretamente dessas entidades, é a famosa Sociedade de Bem-Estar Familiar — Bemfam. Receberam também benefícios em dólares para pesquisas sobre anticoncepcionais, biologia e controle da fertilidade as Universidades Federais da Bahia e do Rio de Janeiro. Posteriormente o próprio Governo americano passou a financiar os programas antinatalistas.[21] Os motivos pelos quais há grande interesse de potências

---

cuja humilhação foi sentida e tomada a si por todos os puericultores e considerada, também por eles, como um duro golpe para a criança brasileira.

O autor ocupava, na época, o cargo de Diretor do Departamento da Criança e do Adolescente do então Estado da Guanabara, quando, na manhã seguinte ao decreto de extinção, recebeu um telefonema do Diretor do Departamento Nacional comunicando o fato. À indagação de como isso tinha acontecido, este informou ter sabido pelos jornais, de surpresa, como qualquer outro leitor. Nenhuma atenção tinha sido dada a ele anteriormente, nem à classe pediátrica do país.

21 Assis Pacheco, M.V. *Explosão demográfica e crescimento do Brasil.* Rio, Paz e Terra, 1974.

estrangeiras em controlar nosso aumento demográfico são sobejamente conhecidos. Inventam tantos argumentos — alguns hilariantes — que chegam a gastar fortunas em tinta e papel nos jornais, revistas, livros, fora o que se gasta em outros meios de comunicação, como o rádio e a televisão. Chegam a culpar os países e famílias pobres pela sua pobreza: "Vocês são pobres porque se reproduzem muito." Com esse argumento, transferem sua própria culpa e dormem com a consciência tranqüila.

No tempo da mais acirrada censura aos meios de comunicação e do poderoso controle das instituições, sempre a propaganda e a ação da Bemfam se fizeram sem interferências oficiais. De quando em vez, apareceram dúbias vozes oficiais contra o controle da natalidade. Por outro lado, havia facilidade de divulgação das idéias antinatalistas. O fato é que *O Globo* de 1.° de março de 1968 publicava que o senador norte-americano William Fullbright, então presidente da Comissão de Relações Exteriores do Senado dos Estados Unidos, fez declarações de "que seu país deve insistir nos programas de controle da natalidade antes de conceder ajuda econômica". Citado por Assis Pacheco,[22] eis um pequeno trecho da conferência pronunciada no dia 23 de setembro de 1970, na Escola Superior de Guerra, pelo Dr. José Thomaz Nabuco, que se refere aos esforços desenvolvidos pelos Estados Unidos para reduzir nosso crescimento demográfico: "A questão que fazem os Estados Unidos é tão grande, nesse sentido, que ouço dizer que o Banco Mundial nos recusará novos créditos, se viermos a coibir a propaganda de que os Estados Unidos se incumbem nesse sentido."

Durante anos e anos, depois de 1964, essa propaganda intensiva de controle da natalidade, principalmente em populações pobres, levou os brasileiros a se tornarem insensíveis aos elevados índices de mortalidade infantil em certas regiões do país. Os brasileiros nascidos na pobreza passaram a ser implícita e explicitamente considerados "desnecessários e incômodos" e a se tornarem "fonte de insegurança e de poluição".[23]

---

[22] *Ibid.*, p. 109.

[23] Glycon de Paiva Teixeira, no número 142, de 1971, da *Revista da Associação dos Diplomados da Escola Superior de Guerra,* falando sobre

Todas essas campanhas contra a natalidade de crianças pobres têm penetrado na consciência de nosso povo, que passa a ver tais crianças como inúteis e até mesmo prejudiciais. Essa conscientização negativa influi, provavelmente, sobre governantes e tecnocratas, no sentido de reduzir de importância os órgãos oficiais de amparo à maternidade e à infância, como se viu anteriormente.

Sempre houve pobreza e crianças carentes e abandonadas no Brasil, mas na década de 60 o problema se foi agravando em "ritmo potencialmente explosivo".[24]

Dos trabalhos da Comissão Parlamentar de Inquérito sobre a criança e o menor (CPI do Menor), terminados em 1976, constou pesquisa, realizada em 1975, em todo o território nacional, quando foram consultados 3.953 municípios. A CPI do Menor designou como *menor carente ou carenciado* aquele "cujos pais ou responsáveis não possuem condições para atender as suas necessidades básicas", isto é, de habitação, alimentação, saúde, educação, segurança social, etc. Por *menor abandonado,* designou "aquele que não tem pais ou responsáveis para o atendimento das suas necessidades básicas".[25]

O Quadro 1 mostra o número de menores de zero a 18 anos nas várias regiões do Brasil, em 1975, e o número de crianças abandonadas e carentes.

---

recursos humanos da Amazônia, diz explicitamente: "Enganam-se os que imaginam preencher racionalmente vazios demográficos interiores pela multiplicação calculada dos brasileiros. Seriam esses lá desnecessários e incômodos. E permanecerão aqui no litoral como matéria-prima de implosão urbana, fonte de insegurança e de poluição" (citado por Assis Pacheco, M.V. *Explosão demográfica e crescimento do Brasil, op. cit.*, p. 3).

24 Câmara dos Deputados — Comissão Parlamentar de Inquérito destinada a investigar o problema da criança e do menor carente no Brasil (CPI do Menor), *Diário do Congresso Nacional,* ano XXXI, suplemento ao n.º 65, capital federal, 1976. Na página 033 lê-se: Considerando que nas áreas deterioradas das regiões metropolitanas e zonas urbanas congestionadas *o processo marginalizante vem se agravando, num ritmo potencialmente explosivo,* relevando os indicadores sociais que a problemática das famílias, das crianças e dos menores carenciados está rapidamente evoluindo para situação de calamidade pública" (grifos no original).

25 *Ibid.*, p. 004.

Quadro 1
Brasil — Número de Menores, de Abandonados e de Carentes (1975)

Região	N.º de menores de 1 a 18 anos	Abandonados		Carentes	
		N.º	%	N.º	%
Norte	1.796.521	58.284	3,06	536.142	3,95
Nordeste	15.260.554	776.200	40,65	5.104.203	37,68
Sudeste	20.699.545	854.849	44,77	5.052.617	37 31
Sul	8.021.556	157.178	8,24	2.353.586	17,38
Centro-Oeste	2.448.542	63.059	3,31	495.960	3,67
Total	48.226.718	1.909.570	100,00	13.542.508	100,00

FONTE: CPI do Menor, 1976.

A própria CPI do Menor adverte sobre esses resultados numéricos: "É importante esclarecer que esses números referem-se à carência e ao abandono visíveis, percebidos pelos prefeitos informantes. Mas alguns indicadores socioeconômicos — principalmente o que fixa em até dois salários mínimos o rendimento mensal de 2/3 da população assalariada — nos autorizam a avaliar em 25 milhões a população de menores carenciados e abandonados."

É evidente que o problema da criança carente e abandonada situa-se no contexto do crescimento da miséria e aumento da "marginalidade" em todo o país. Não se trata de problema isolado e de solução isolada.* Trata-se de ocorrência bem-estudada e sabidamente gerada pelo processo de acumulação capitalista. E apoiada em um sistema baseado na manutenção dos mais baixos níveis de remuneração da mão-de-obra do mundo, à custa de um perverso arrocho salarial. Esse modelo econômico tem levado a

* Existem vários livros sobre o problema da marginalidade no Brasil e na América Latina: Berlinck, M.T. *Marginalidade social e relações de classes em São Paulo*. Petrópolis, Vozes, 1975; Pereira, L. (org.). *Populações "marginais"*. São Paulo, Duas Cidades, 1978; Kowarick, L. *Capitalismo e marginalidade na América Latina*. Rio, Paz e Terra, 1975; D'Incao e Mello, M.C. *O Bóia-fria. Acumulação e miséria*. Petrópolis, Vozes, 1975; Centro de Defesa da Qualidade da Vida. *A situação da criança no Brasil*. Rio, Ilha, 2.ª ed., 1980.

uma concentração da renda em mãos de poucos, como se pode ver no Quadro 2, onde fica demonstrado com clareza quem ganhou e quem perdeu. Não se trata do desenvolvimento de um "capitalismo perverso", mas do desenvolvimento pura e simplesmente do capitalismo. Falar em capitalismo "perverso" faz supor que exista um capitalismo "bonzinho". Este último só existe para os 5% mais ricos da população.

Quadro 2

Brasil — Distribuição da Renda Segundo Extratos da População, nos Anos de 1960, 1970 e 1976

População economicamente ativa (em percentagem)	*Participação na renda*		
	1960 %	1970 %	1976 %
50% mais pobres	17,7	14,9	11,8
30% seguintes	27,9	22,8	21,2
15% seguintes	26,8	27,4	28,0
5% mais ricos	27,7	34,8	39,0

FONTE: *Folha de São Paulo*, 04-06-78.

Com isso, milhões ficaram na miséria ou se viram obrigados a viver de subempregos e biscates, famílias se desfizeram. Torna-se evidente que as crianças são os que mais sofrem, pela carência e total abandono. Pelo que revelou a CPI do Menor, pode-se inferir que nunca as crianças viveram situação tão dantesca e calamitosa no Brasil, pátria madrasta de vários milhões de menores, perambulando pelas ruas das cidades na mais negra miséria, dormindo ao relento, vendendo limões e chiclete nos cruzamentos quando fecham os sinais para os automóveis, praticando assaltos para sobreviver, sofrendo a exploração de pessoas adultas; quando caem nas malhas da Polícia, vão abarrotar os prédios dos terríveis reformatórios indicados pelos juízes de menores. É interessante ver que a situação da criança, por mais trágica que seja, por maiores que sejam os índices de mortalidade infantil, sensibiliza poucas pessoas. Cada um pensa no bem-estar de seu filho; os pais burgueses aprenderam a se angustiar com qualquer doencinha de seus filhos, mas ninguém se importa com as crianças alheias, vítimas de uma situação que não foi causada por elas.

Moncorvo Filho fez um histórico da proteção à infância no Brasil,[26] dividindo-a em três períodos: o primeiro vai do descobrimento até 1874, quando pouco se fazia pela criança; o segundo vai de 1874 até 1899, caracterizando-se por projetos de grupos particulares, que, entretanto, não eram concretizados; o terceiro vai de 1900 até a data do lançamento do livro, em 1926, período que se caracterizaria pela intensificação dos progressos da higiene infantil ou puericultura, médica e escolar.

Pela leitura deste capítulo, podem-se estabelecer outros marcos históricos para a situação da infância no Brasil. Preferimos uma divisão em quatro períodos. O primeiro vai do descobrimento à proclamação da República, em 1889, quando pouco se fez pela criança, principalmente a escrava (a Abolição foi em 1888). O segundo coincide com a duração da Primeira República, também chamada República Velha (1889-1930). Nele apareceram algumas instituições de amparo e assistência médica à infância; a pediatria e a puericultura iniciaram seu desenvolvimento científico, com o início da era pasteuriana; desenvolveram-se os estudos dessas disciplinas no país, com o aparecimento dos primeiros livros e cursos destinados aos médicos e às mães. Todo esse avanço foi de iniciativa, principalmente, particular. As leis de amparo à maternidade e à infância, até 1930, sempre foram letra morta. O terceiro período vai de 1930 a 1963. Nele a criança começou a ser mais valorizada, e a sua assistência foi assumida oficialmente. As leis trabalhistas de proteção materno-infantil começaram a ser cumpridas, as repartições oficiais destinadas à criança e às mães foram prestigiadas pelo Governo federal, fato que repercutiu favoravelmente nos governos estaduais e municipais, no sentido da criação de instituições e departamentos assistenciais. O quarto período vai do fim do terceiro até nossos dias. Tem se caracterizado por uma assistência direta à infância através de vacinações em massa, distribuição de soluções salinas para o tratamento da desidratação e campanhas de aleitamento materno. São métodos preconizados pelo UNICEF, discutidos mais adiante no capítulo "Sociologia da mortalidade infantil".

---

26 Moncorvo Filho, A. *Histórico da proteção à infância no Brasil, 1500-1922.* Rio, Emp. Graphica, 1926.

5

PEDIATRIA, PUERICULTURA E IDEOLOGIA

Moncorvo Filho, em 1915, realizou um "curso popular" no Instituto de Proteção e Assistência à Infância do Rio de Janeiro sobre "higiene privada da infância". As preleções, ele as enfeixou em um livro com o título *Higiene infantil,* editado pela Imprensa Nacional, em 1917. Esse talvez seja o primeiro publicado no Brasil onde a puericultura é calcada em bases científicas. Na p. 75, trata de um assunto que considera importante: a *eugênica.* E cita Marfan: "A puericultura deve-se inspirar nos princípios da Eugênica de Francisco Galton e da Eugenética de Pinard." O termo *eugênica,* com o tempo, foi desprezado em favor de *eugenia.*

Galton, fisiologista inglês, definia a eugenia como "o estudo dos fatores socialmente controláveis que podem rebaixar ou elevar as qualidades raciais das gerações futuras, tanto física como mentalmente". Ele difundiu suas idéias nas últimas décadas do século XIX e na primeira deste século. Só em 1904 e no ano seguinte apresentou à Sociedade de Sociologia de Londres suas idéias definitivas. Faleceu aos 89 anos de idade, em 1911. Depois de sua morte, foram criadas várias associações em torno de seus princípios, em diversos países do mundo. O primeiro Congresso Internacional de Eugenia foi realizado em Londres, em 1912. No Brasil, os primeiros trabalhos de divulgação da eugenia foram publicados em 1914 e anos seguintes. Entretanto, o psiquiatra Renato Kehl, um dos maiores divulgadores da eugenia no Brasil, citando os autores dos primeiros trabalhos brasileiros, esqueceu-se de mencionar Moncorvo Filho,[1] que, em 1915, dissertava sobre

---

1 Kehl, R. *Lições de eugenia.* Rio, Francisco Alves, 2.ª ed., 1935, p. 27 (a primeira edição é de 1929).

o tema em "curso popular". Em 1918, um grupo de médicos fundava a Sociedade Eugênica de São Paulo, a primeira do Brasil.

As idéias da eugenia encontraram terreno fértil entre os intelectuais brasileiros nas primeiras décadas do século XX. Foram historiadores, antropólogos, médicos, puericultores, sociólogos e literatos os maiores divulgadores dessas idéias no Brasil. As teorias sobre eugenia também foram muito difundidas na Europa, nos Estados Unidos e, mais tarde, principalmente, na Alemanha nazista. Essa aceitação em vários países do mundo contribuiu para uma repercussão ainda maior na intelectualidade brasileira. Conta Jurandir Freire Costa, em seu livro *História da psiquiatria no Brasil,*[2] que, em 1923, foi fundada a Liga Brasileira de Higiene Mental, e logo seus primeiros estatutos deram lugar importante à prevenção, ou melhor, à "intervenção preventiva dos psiquiatras nos meios escolar, profissional e social". Em 1929, as idéias da Liga introduzem o conceito de eugenia na higiene mental. Dessa data até 1934, o papel da eugenia nos programas de higiene mental passa a ser o principal objetivo. Os psiquiatras tomaram a eugenia como ciência e começaram "a elaborar programas de profilaxia dos distúrbios mentais baseados na noção de 'prevenção eugênica' nascida da psiquiatria nazista". Daí foi um passo para pedirem a esterilização sexual dos indivíduos doentes, pregarem o fim da miscigenação racial entre os brasileiros, exigirem a proibição da imigração de indivíduos não-brancos, solicitarem tribunais de eugenia e salários de paternidade eugênica.

Vários puericultores e obstetras brasileiros também acompanharam e propagaram as idéias da eugenia de Galton.[3] Em livro

---

[2] Costa, J.F. *História da psiquiatria no Brasil. Um corte ideológico.* Rio, Documentário, 2.ª ed., 1976, p. 33.

[3] Além do livro citado de Moncorvo Filho, as idéias são explanadas, entre outros, nos seguintes: Hugo Fortes. *Puericultura.* Rio, Gráfica Olímpica, 3.ª ed., 1940 (a edição anterior é de 1937); Martagão Gesteira. *Puericultura (higiene alimentar e social da criança).* Rio, Pan-Americana, 1943; Clóvis Correia da Costa. *Puericultura.* Rio, Departamento de Imprensa Nacional, 3.ª ed., 1950; Arthur Salles. *Puericultura.* Rio, Minerva, 3.ª ed., 1962.

editado pelo Departamento Nacional da Criança, do Ministério da Educação e Saúde, encontramos os seguintes trechos:

> Os indivíduos portadores dessas taras, constituem carga pesada à sociedade em que vivem, pois, os seus filhos são os povoadores de reformatórios, asilos, nosocômios, cadeias, etc., etc., para ali enviados pela caridade pública ou pela justiça, tais sejam as conseqüências dos vícios de que são portadores. Ademais, por vezes, são extremamente prolíficos e arrastam atrás de si enorme descendência de degenerados.
>
> A Justiça Alemã cortava o mal pela raiz, condenando o indivíduo à *esterilização* [grifo do original], embora lhe permitisse o matrimônio; seria, porém, matrimônio em branco, sem descendência.
>
> A lei nazista foi muito criticada, mais por motivos de ordem política do que por motivos científicos.

E mais adiante o autor continua.

> Assim pois, a esterilização eugênica é medida de alta sabedoria, de grande alcance social, não devemos condená-la somente porque teve seu maior surto na ideologia nazista.
>
> Assisti em Berlim a duas esterilizações, em conseqüência de sentença judiciária, por imbecilidade.[4]

Foram intelectuais que, inicialmente, introduziram as idéias sobre cuidados eugênicos com a formação da "raça brasileira". Houve entre historiadores, antropólogos, sociólogos e literatos, nas primeiras décadas do século XX, uma preocupação com a formação étnica do povo brasileiro. É Jurandir Freire Costa que diz: "Na verdade, a atração dos intelectuais brasileiros pelas idéias eugênicas não era gratuita. A eugenia chegava ao Brasil num momento oportuno. A intelectualidade brasileira enfrentava, na época, graves problemas ideológicos que a eugenia ajudou a solucionar. O regime republicano atravessava, nas duas primeiras décadas do século XX, um período de convulsões. A abolição da escravatura, a imigração européia, a migração de camponeses e antigos escravos para as cidades; enfim, os efeitos econômicos da industrialização nascente agravavam as tensões sociais e colocavam em

---

[4] Costa, C.C. *Puericultura.* Rio, Departamento de Imprensa Nacional, 1950, pp. 17-8.

questão o próprio regime, cuja legitimidade a elite dirigente procurava justificar por todos os meios."[5]

As crises econômicas e as revoltas não seriam, portanto, fruto da incapacidade política das classes dirigentes, mas explicadas pelos intelectuais como causadas pela adversidade do clima tropical e pela constituição racial, pela mistura com "raças inferiores", que tornava o brasileiro um povo pouco inteligente, incapaz, preguiçoso e indisciplinado. Era importante o embranquecimento do brasileiro e o controle enérgico sobre as "pessoas de cor", para salvar o regime. Enquanto o brasileiro não fosse branco, não poderia ter direito à democracia. A "raça" justificava tudo, como atualmente a chamada "explosão demográfica" e o grande número de filhos dos pobres, para certos economistas, políticos e intelectuais, justificam a pobreza do país, colocando a culpa da miséria nos próprios miseráveis e não na incapacidade da elite dirigente. Na verdade, "os pobres não são pobres por terem muitos filhos e sim têm muitos filhos porque são pobres".[6]

O problema racial no Brasil é antigo. Por muito tempo se pensou não existir preconceito racial entre nós. Muitos estudos brasileiros têm demonstrado o contrário. É interessante que a nossa puericultura, como vimos anteriormente, tenha sido influenciada por idéias racistas nas décadas de 30 e 40, o que coincide com a ascensão do nazismo ao poder, na Alemanha. Provavelmente, isso ocorreu porque a pediatria e a puericultura, no Brasil, por essa época, recebiam grande influência alemã, fato que perdurou até o fim da Segunda Guerra Mundial.

ECOLOGIA, NEOLOGISMO SONORO

Tão antigo como as idéias racistas da eugenia, estudadas anteriormente, o determinismo climático, como teoria, não ficou restrito ao terreno da geografia. Pelo contrário, invadiu vários campos,

---

5 Costa, J.F. *História da psiquiatria no Brasil, op. cit.*, p. 35.

6 Esta frase é do representante da Finlândia na Conferência Mundial de População, em Bucareste, na Romênia, citado por Carlos Gentile de Mello em seu livro póstumo, *A medicina e a realidade brasileira.* Rio, Achiamé, 1983, p. 103.

como a sociologia, a antropologia, a literatura, a história e vários ramos da medicina. Com o surgimento do capitalismo e do colonialismo, essa teoria ganhou ênfase. O clima passou a *explicar* tudo. Nas regiões frias, os habitantes eram corajosos e, nas quentes, covardes, sem energia, afeitos a se tornarem escravos. "A idéia de preguiça, integrada na ideologia do colonialismo e, depois, do imperialismo, teve no Brasil e em desfavor dos brasileiros vários adeptos. Entre eles, Paulo Prado, em seu livro *Retrato do Brasil*. Preguiça inata do negro, preguiça do caboclo, do trabalhador em geral, são temas repetidos, como um refrão. Constituem 'explicações' pretensamente racionais de fenômenos sociais complexos, mantidas pela ideologia da classe dominante." [7]

Outra ação de classe para justificar o imperialismo e o colonialismo europeus foi a idéia de aliar a causa ou prevalência das doenças infecto-contagiosas aos climas quentes; daí chamarem-se essas enfermidades de "doenças tropicais". É Afrânio Peixoto que, desde 1907, já dizia: "Doenças climáticas foram outrora a cólera, a malária, a doença do sono: hoje têm uma etiologia conhecida, sem nenhuma subordinação ao clima; invadem terras sob todas latitudes; nas zonas de um mesmo clima, têm recuado diante daquelas cuja higiene os tem sabido preservar. E essa verdade tão simples, e de tão grandes conseqüências — porque a conquista territorial e econômica do mundo aí está —, que não há doenças climáticas — e portanto não há doenças tropicais — se impõe, substituindo velhas crenças por essa outra científica, pela observação e pela experiência: existem apenas doenças evitáveis, contra as quais a higiene tem meios seguros de defesa e reação." [8]

Hoje sabe-se que doenças como a febre amarela, a varíola, o sarampo, a peste, a cólera, a tuberculose, a sífilis e tantas outras foram trazidas ao Brasil pelos europeus. Outras doenças universais, como a malária, eram tão ou mais mortais na Europa quanto aqui. Assim se expressou o professor Samuel B. Pessoa, grande conhecedor do assunto: "O maior desenvolvimento da Geografia

---

[7] Sodré, N.W. *Introdução à geografia. Geografia e ideologia.* Petrópolis, Vozes, 1976, p. 40.

[8] Peixoto, A. *Clima e saúde. Introdução biogeográfica à civilização brasileira.* São Paulo, Cia. Ed. Nacional, 2.ª ed., 1975, p. 76.

Médica processou-se com a penetração dos países imperialistas nos trópicos, entre os séculos XVI e XVII, com o fito de conquista e colonização."[9]

Se os países chamados subdesenvolvidos ainda são atingidos por índices elevados de doenças infecto-contagiosas e por causa da miséria em que vive a maior parte de suas populações — sem condições de higiene, de água encanada, de esgoto, de habitações saudáveis e de boas condições de trabalho. São, portanto, doenças da miséria em que vivem essas populações exploradas.

A pediatria e a puericultura também sofreram a influência das teorias climáticas, como fatores ou causas favorecedoras da mortalidade infantil. O calor, principalmente, há muito tempo vem sendo acusado como fator desencadeante de diarréias nas crianças e, por esse motivo, vários autores citam a elevação da temperatura como uma das causas da mortalidade infantil:

> A influência do clima faz-se sentir com mais intensidade durante os meses quentes, sobretudo nas moradias muito batidas pelos raios solares, tornando-se, então, fator desencadeante de diarréias, principalmente nas crianças submetidas a regime de alimentação artificial.[10]

> A escola pediátrica de Lyon estudou e pôs em relevo a influência maléfica de certos ventos sobre a saúde da criança e os perigos da chamada síndrome do "vento do meio-dia" são bem conhecidos [...].
>
> De todos os fatores atmosféricos, porém, por certo o de ação mais destacada sobre a mortalidade infantil é a temperatura, cuja influência é de longa data conhecida e por toda a parte assinalada como o demonstram os gráficos ns. 82, 83 e 84.* Os efeitos funestos do calor são apontados por todos os que se têm ocupado do pro-

[9] Pessoa, S.B. Conceito geográfico das doenças. *Revista Brasiliense* n.º 3, janeiro-fevereiro de 1956, p. 1.

[10] Fortes, H. *Puericultura.* Rio, Gráfica Olímpica, 3.ª ed., 1940, capítulo "Mortalidade infantil", p. 156.

* Os Gráficos 82, 83 e 84 se referem à distribuição mensal da mortalidade por "diarréia e enterite" em crianças de zero a um ano. Os referidos gráficos são de diferentes autores estrangeiros (dois europeus e um norte-americano) e todos mostram que nos meses de verão a mortalidade é significativamente maior. Intencionalmente ou não, esses gráficos não relacionam a mortalidade com a classe social das crianças falecidas por "diarréia e enterite". Qualquer pediatra sabe que a quase totalidade dessas crianças só pode pertencer a famílias pobres.

> blema. [...] mostrou o Professor Luiz de Barros Barreto na sua tese sobre mortalidade infantil, tese de concurso que tivemos a honra de argüir, em 1926, na Bahia. As observações dessa tese autorizaram o autor a encontrar "acentuada correlação entre as cifras mensais de óbitos pela gastroenterite e as variações térmicas dos diferentes meses".[11]

Não se pense que essas idéias foram banidas dos meios pediátricos e científicos. De quando em vez, elas retornam com outras roupagens ou neologismos, ou ainda em teorias "científicas" com a finalidade de mascarar as verdadeiras causas da alta mortalidade infantil nas classes pobres. É Volnei Garrafa que nos diz: "As causas e o desenvolvimento das doenças vêm sendo enfocados, pela maioria dos estudiosos e pelos programas governamentais, a partir de três elementos básicos que compõem a chamada tríade epidemiológica: o *agente* causador (que pode ser uma bactéria, vírus etc.), o *hospedeiro* (representado pelo homem que sofre o problema) e o *meio ambiente* (onde o agente atua e o hospedeiro vive). [...] Fatores fundamentais, como o *social,* o *econômico* e o *ocupacional,* entre outros, não são esquecidos pelos cientificistas, no estudo das razões das doenças. Sua importância fica estrategicamente encoberta sob o manto enganoso da moderna palavra 'ecologia', a qual pode significar muito ou quase nada, dependendo da colocação e interpretação. A 'ecologia', por sua vez, fica escondida muitas vezes ao interior do tópico *meio ambiente,* um dos componentes da tríade. Trata-se de mais um exemplo negativo da chamada 'diplomacia terminológica', fartamente utilizada pelos positivistas da ciência e do trabalho médico."[12]

A "tese" do calor como causa de desidratação, de vez em quando, vem à baila na imprensa, quando começa o verão, principalmente no Rio de Janeiro, outras vezes em São Paulo. Os jornais, então, quase diariamente publicam reportagens onde aparecem afirmações de pediatras indicando que a maior incidência

---

11 Gesteira, M. *Puericultura (higiene alimentar e social da criança), op. cit.*, capítulo XXI, "A mortalidade infantil. Causas indiretas ou favorecedoras", pp. 378-80.

12 Garrafa, V. *Contra o monopólio da saúde.* Rio, Achiamé, 1983, pp. 50-1.

de casos de desidratação em crianças pequenas é causada pela temperatura elevada dessa época do ano. As reportagens vêm sempre com conselhos como: "Não leve seu filho à praia depois das 9h", "Coloque roupas leves nas crianças", "Dê bastante água para seu filho", etc. Com essas medidas, se evitaria a desidratação das crianças.

No verão de 1968 para 1969, jornais do Rio de Janeiro publicaram várias reportagens sobre o aumento do número de casos de desidratação. Como essa elevação estivesse relacionada com os dias mais quentes, a ocorrência do fato deixou de ser simples correlação para ser tomada como a principal causa da desidratação na infância. Essa "tese" foi defendida com ênfase pelo ministro da Saúde da época. E não era para menos. Como estávamos na vigência do Ato Institucional n.º 5 e em pleno desenvolvimento do famoso "milagre brasileiro", não interessava ao Governo afirmar que o aumento da desidratação e da mortalidade infantil era causado pela miséria das famílias, que não podiam defender-se do calor por lhes faltarem todas as condições básicas de vida decente. E que essa grande mortalidade infantil ocorria entre as crianças de famílias pobres e habitantes das favelas que mais sofriam os efeitos do arrocho salarial.

Essa atitude do ministro da Saúde causou um alarme assustador entre as famílias das classes média e alta, principalmente quando ele afirmou suas idéias pela televisão. O medo se alastrou e foi tão grande que houve pressões sobre o juiz de Menores do Rio de Janeiro para que baixasse uma portaria ridícula, proibindo a permanência de crianças nas praias depois das 9h, quando o sol se torna mais quente.*

---

* Como nessa época o autor era diretor do Departamento da Criança e do Adolescente da Secretaria de Saúde do então Estado da Guanabara e se envolveu na questão, combatendo a ideologia do Sr. Ministro da Saúde, achei conveniente resumir o fato. No auge dessa campanha oficial, com certo risco, escrevi um artigo que foi publicado pelo *Jornal do Brasil*, em 29-12-1968, mostrando que desidratação não é doença e sim perda de água e sais minerais do organismo, provocada, principalmente, por enfermidades que determinam vômitos e diarréias — na grande maioria das vezes, por infecções do aparelho digestivo. Num trecho do artigo, dizia eu: "Que relação existe entre verão e calor com a desidratação? A relação mais importante é que no verão as zonas da cidade onde não há água

Os fatores climáticos sempre foram relacionados à morbilidade e à mortalidade infantis. Alguns distúrbios podem estar relacionados a variações climáticas, principalmente nas classes desfavorecidas. Dia a dia, avanços tecnológicos, disponíveis às classes ricas, superam a ação do clima.

A grande maioria das pesquisas que se fazem relaciona a mortalidade e a morbilidade com os meses do ano; e como nesses trabalhos a incidência dos casos aumenta no verão e no inverno, o autor, ou autores, pretende provar ser real e correto o que suas estatísticas mostram. É o caso de um estudo estatístico, em gráfico, extraído do *Boletim* n.º 3 da Fundação Sistema Estadual de Análise de Dados (SEADE),[13] que ilustra a variação sazonal da mortalidade infantil no Estado — capital e interior. Pesquisas como essa (e como as citadas anteriormente por Martagão Gesteira) pecam por se esquecerem, intencionalmente ou não, de relacionar seus dados com as classes sociais a que pertencem as crianças. É evidente que as famílias pobres e miseráveis não possuem meios de se defender dos "ecossistemas", dos "fatores cosmoecológicos", da "ecologia", dos "fatores ambientais", do "microclima" ou outros neologismos sonoros que se queiram criar.

---

encanada e esgoto e, em conseqüência moram aí pessoas de nível econômico e cultural inferiores, as infecções por germes se disseminam com maior intensidade. É preciso lembrar que existe no Rio de Janeiro mais de um milhão de pessoas morando em favelas onde a falta de água e esgoto, a proliferação das moscas, a falta de conservação do leite e outros alimentos, o baixo padrão nutritivo e higiênico determinam aumento colossal de infecções por germes. E as crianças são as grandes vítimas, lotando, em maior número, os hospitais para tratamento da desidratação. Os pediatras que atendem a classe média e rica sabem que no verão não aumentam os casos de desidratação em seus clientes."

Esse artigo deu início a uma certa polêmica, provocada pela própria imprensa escrita e televisionada. Mas não deixou de ser útil, apesar do medo de a corda rebentar do lado mais fraco. Uma campanha no rádio e na televisão, promovida pela Secretaria de Saúde do então Estado da Guanabara, já estava pronta para ser desencadeada, com base na "tese" do calor como causa da desidratação e nos *famosos* conselhos — "roupas leves para seu filho", "dê mais água", etc. — quando foi completamente modificada pelo bom senso do Conselho de Saúde do Estado, de que eu fazia parte e que aceitou minha tese, e não a ideologia do Sr. Ministro.

13 Citado por Marcondes, E. *Ecopediatria. A força do ambiente sobre a saúde da criança.* São Paulo, Sarvier, 1981, p. 91.

É uma pena que a realidade brasileira seja encoberta a pediatras e estudantes de medicina, mesmo que não intencionalmente. Mais de 70% das crianças brasileiras moram em casebres, barracos ou debaixo de pontes e viadutos, muitas em miséria total, incapazes de viver sob uma "ecologia saudável":

> O verão é um fator climático importante na desidratação aguda: há uma importante variação sazonal das gastrenterites, como já referimos antes. A ocorrência de vento quente, forte e seco (o assim chamado vento noroeste na Cidade de São Paulo), complica mais ainda o problema.
>
> ....
>
> A fim de minimizar o agravo climático em questão, o pediatra deve atuar ao nível do microclima: habitação e vestuário. Modificar a casa ou mudar de casa quase nunca é possível, mas o pediatra deve verificar se na casa há um cômodo menos quente que os demais onde a criança possa permanecer durante a recuperação de uma desidratação aguda ou mesmo, se possível, durante todo o verão. Quanto ao vestuário, é do conhecimento de todos a generalizada preocupação dos pais no sentido de bem agasalhar o filho, preocupação louvável nos dias frios mas, infelizmente, posta em prática, às vezes também, nos dias quentes: todo cuidado é pouco na orientação dos pais! [14]

Apesar de um grupo de pediatras, de alguns anos para cá, ter combatido essa ideologia do calor como causa da desidratação, que distorce toda uma realidade, por muito tempo ainda aparecerão nos jornais e nos livros de pediatria aqueles que a defenderão, ajudando a manter a degradante situação da criança brasileira, que perdura há séculos.

CRIANÇA, PRIVILÉGIO DA IDEOLOGIA

Todos esses fatos relatados anteriormente — primeiro, sobre a difusão das idéias eugênicas e, segundo, sobre a influência dos fatores climáticos na mortalidade, principalmente a infantil — são exemplos típicos de ideologias.

---

14 Marcondes, E., *op. cit.*, pp. 95-7.

No primeiro caso, as idéias eugênicas, divulgadas tanto entre psiquiatras, através da Liga Brasileira de Higiene Mental, como entre pediatras, pelos livros de puericultura, se referem a uma falsa teoria que é tomada como ciência e, como tal, "inquestionavelmente" aceita. No segundo caso, os "fatores climáticos" são usados por certas classes, não só para justificar o colonialismo, como também para encobrir a realidade de pobreza e miséria de determinadas populações. Esses dois fatos são exemplos de ideologias ligadas à ciência. Isso não quer dizer que a ideologia esteja tão-somente no nível científico, pelo contrário, está em todos os níveis da vida social e também nas idéias políticas, jurídicas, morais, religiosas, filosóficas, estéticas, etc. Ela não se apresenta apenas através de imagens, mitos ou idéias, está também no nível do comportamento e das atitudes pessoais, nos hábitos, costumes e maneiras de reagir em determinadas situações. "A ideologia tem então uma dupla relação: com o conhecimento por um lado e com a sociedade por outro lado." [15]

Em sua função social, tem a importante tarefa de adaptar os homens a uma realidade. É por isso que, quando uma mulher pobre, diante de um filho pequeno morto, diz: "Deus assim quis, é a vontade de Deus", está usando uma ideologia religiosa que a ajuda a suportar sua condição de existência e a não se revoltar.

O real e o ideológico não se separam, pois, ao nível da prática social, todo real é representação ideológica de uma classe social. Todo corpo de idéias que inverte a determinação real é ideológico. E, em determinada formação social, as ideologias dominantes são as das classes dominantes, mas se existem classes dominadas, existem também ideologias destas.

Mesmo uma formação social que supostamente não seja constituída de classes, como uma sociedade comunista, também possui suas ideologias. Portanto, a ideologia é inerente a toda for-

---

[15] Escobar, C.H. *Ciência da história e ideologia.* Rio, Graal, 1979, p. 67. Sobre o conceito de ideologia, é útil também a leitura dos seguintes livros: Chauí, M. *O que é ideologia,* São Paulo, Brasiliense, 1983; Werneck, V.R. *A ideologia na educação. Um estudo sobre a interferência da ideologia no processo educativo.* Petrópolis, Vozes, 1982; Althusser, L. *Ideologia y aparatos ideológicos de Estado.* Buenos Aires, Nueva Visión, 1974.

mação social, e nem sempre constitui uma distorção da verdade, fabricada por um grupo ou classe social dominante para submeter e subordinar as classes inferiores. Mas isso não quer dizer que as classes dominantes não possam conscientemente utilizar ideologias para reforçar suas posições de domínio. Seja como for, a ideologia funciona como forma de união entre os membros de uma sociedade e leva aos homens certa visão, certo conhecimento de seu mundo, que lhes permite um reconhecimento da realidade, mesmo que esse reconhecimento seja uma ilusão, um conhecimento distorcido.

A ideologia pode ter, então, várias funções: pode servir para ocultar ou distorcer a realidade; pode, consciente ou inconscientemente, servir para uma classe reforçar suas posições de domínio sobre outra; pode servir para a reprodução de condições econômicas, políticas e sociais, com todas as suas distorções; pode dar um significado a fenômenos com aparência de neutros, com as imagens, a linguagem e os gestos; pode fazer parte de mensagens religiosas, filosóficas, artísticas e científicas (por isso, essas mensagens quase sempre não são neutras, pois geralmente estão a serviço de algum interesse); mas também pode funcionar como um conjunto de idéias capazes de unir os membros de uma sociedade. Outra função importante é sua atuação no nível do comportamento, dos hábitos e atitudes pessoais. Vários autores estudaram a ideologia sob diversos ângulos. O próprio termo *ideologia* foi criado por Destutt de Tracy em sua obra *Elementos de ideologia* (1802). O significado por ele atribuído ao termo era de uma ciência das idéias, onde se estudavam suas leis, suas relações com os signos e as representações, e suas origens, ou melhor, a teoria genética das idéias. Foi 50 anos mais tarde que Marx retomou o termo com sentido diferente: como um conjunto de idéias com um aspecto social e relação entre os homens; como um sistema de idéias, produto ou reflexo de uma sociedade ou de suas classes sociais, para tanto deformando o verdadeiro e o real; e como um sistema de pensamento que não é neutro, mas possui a função de justificar e legitimar a ordem da classe dominante, isto é, a ordem vigente. Como para Marx a história é explicada pela vida material dos homens, a consciência destes e suas idéias não seriam mais que reflexos da vida material. Então, toda vez que o conhecimento objetivo da realidade fosse substituído por idéias vinculadas a interesses de classe, a consciência seria ideológica e, portanto, alienada. Posteriormente, vários autores e filósofos se dedicaram ao estudo da ideologia, entre outros, Nietszche, Durkheim, Max Weber, Georg Lukács, Geiger, Mannheim, Max Scheler, Gramsci e Althusser.

Louis Althusser desenvolveu idéias originais sobre ideologia. Ele construiu duas teorias: uma *geral,* em que a ideologia é imutável e pode ser aplicada a qualquer formação social — portanto, a-histórica, ou melhor, presente em toda história; a outra *particular,* variando historicamente e refletindo posições de classe. Encarada sob esses aspectos, a ideologia pode ter a função tanto de manter a coesão da sociedade como de reproduzir as relações de produção. É por isso que ele afirma: "[...] toda formação social, para existir, ao mesmo tempo em que produz, deve reproduzir as condições de sua produção. Deve, portanto, reproduzir: 1.°) as forças produtivas; 2.°) as relações de produção existentes." [16] Como o Estado consegue isso? É aí que, baseado em idéias de Gramsci, ele introduz a noção de Aparelhos Ideológicos do Estado (AIE). Torna-se necessário explicar que ele considera o Estado como só tendo sentido em função de seu poder, e toda a luta política das classes girando em torno da obtenção desse poder, o qual é mantido por dois tipos de aparelhos: os repressivos e os ideológicos. Ambos possuem, na verdade, as duas funções, só que recebem o nome pela predominância de uma delas. Assim, os aparelhos repressivos são: o Governo, a administração, o Exército, a Polícia, as prisões, os tribunais, o juizado de menores.

Os Aparelhos Ideológicos do Estado são certas realidades que aparecem sob a forma de instituições diferentes e especializadas: o AIE religioso (o sistema das várias igrejas), o AIE escolar (o sistema das várias escolas públicas e particulares); o AIE familiar; o AIE jurídico; o AIE político (os vários partidos); o AIE sindical; o AIE de informações (imprensa, rádio, TV, etc.); o AIE cultural (literatura, artes, esporte, etc.); o AIE médico (hospitais, médicos, serviços de prevenção, administração, remédios, escolas de medicina, etc.). A função desses aparelhos é a reprodução das

---

16 Althusser, L. *Ideologia y aparatos ideológicos de Estado.* Buenos Aires, Nueva Visión, 1974, p. 8.

relações de produção, que são, em última análise, produção e reprodução da ideologia dominante.

Pode-se observar que grande parte dos Aparelhos Ideológicos destina-se às crianças ou as envolve. É o caso dos AIEs escolar, familiar, de informação, cultural e médico. Para Althusser, no capitalismo, o aparelho ideológico que ocupa posição dominante é o escolar. A criança, que é um ser vulnerável e moldável, durante muitos anos do período escolar, fica ligada à ação das ideologias dominantes. Com a família, a ação ideológica é mais precoce. Desde que nasce, o ser humano está constantemente vivenciando situações e se relacionando com o real de determinada maneira e também através de relações imaginárias; daí estar sempre vendo o real ideologicamente. Por intermédio da mãe e dos familiares, a criança vai aprendendo, desde o início, as relações humanas. A ideologia aparece ou se manifesta, então, pela linguagem que o ser humano já recebe ao iniciar sua vida — daí se dizer que as raízes da ideologia estão na infância. É, portanto, a criança o privilégio da ideologia.

Historicamente, desde a vida primitiva, tribal, a educação começa como simples *puericultura,* não ainda como um corpo de conhecimentos científicos, mas como atividade de criar uma criança; entretanto, continua até hoje como atividade educativa. E, nesse processo educativo, a ação do puericultor e do médico é da mais alta importância junto à mãe e aos outros membros da família. Mas a originalidade da puericultura é que ela não atua simplesmente como processo educativo junto à mãe ou familiares. Desde o final do século XIX, organizou-se como um saber autônomo, com um corpo de conhecimentos e regras práticas; passou a criar novos métodos preventivos, novos alimentos e maneiras de administrá-los, além de novos processos higiênicos (início da era pasteuriana); procurou desenvolver técnicas para defender a criança dos agravos infecciosos e dos acidentes; passou a agir nas várias classes sociais, a utilizar outras técnicas e ciências, como a educação, a psicologia, etc., para melhor atuar no desenvolvimento físico, mental, emocional e social das crianças; dedicou grande atenção às mulheres grávidas, ao parto e às mães nos primeiros anos após o nascimento. Portanto, a puericultura pode ser dividida em três grandes setores — o *pré-concepcional,* o *pré-natal* ou *intra-uterino* e o *pós-natal* —, englobando em cada um deles dois aspectos: o individual e o social. Assim, a puericultura atua sobre os futuros pais (pré-concepcional); sobre as mulheres grávidas, com assistência obstétrica, moral, material e jurídica; com medidas legislativas de amparo à maternidade, etc. Após o nascimento, a puericultura procura atender a criança em todos os aspectos. Atualmente, essa ação recebe o nome de programa materno-infantil e engloba toda uma série de técnicos, de forma multidisciplinar: puericultores, pediatras, obstetras, perinatologistas, ginecologistas, psicólogos, educadores, enfermeiras, assistentes sociais, recreadores, nutricionistas, etc.

Com esses importantes objetivos, o puericultor e a puericultura passaram a ser parte fundamental do desenvolvimento social. Na grande maioria das vezes, o puericultor não age diretamente sobre a criança e sim através dos familiares, principalmente da mãe. Portanto, sua ação educativa se dá diretamente sobre os familiares e, em grande número de vezes, indiretamente sobre a criança. Enfim, ele trabalha sobre a relação entre mãe e filho ou entre familiares e criança, no interior dos lares. É por isso que a difusão da puericultura, desde o final do século XIX, não se deu de modo espontâneo ou por mera casualidade. Na verdade, ela se constituiu em uma empresa que, aos poucos projetada, no decorrer das décadas, foi se transformando continuamente, até hoje, em uma planificação cada vez mais ampla, com a finalidade de agir, principalmente sobre os membros das classes pobres, para regular as coisas mais íntimas da vida familiar e espiritual.

FUNÇÃO IDEOLÓGICA DO PROGRAMA MATERNO-INFANTIL

Como se viu no capítulo sobre a evolução da pediatria social no Brasil, os grandes progressos da bacteriologia no fim do século XIX — as descobertas de Pasteur, os estudos que tornaram eficientes a esterilização e a conservação do leite — não foram suficientes para terminar com o comércio das amas-de-leite, na França e em outros países, inclusive no Brasil. Só depois da guerra de 1914 é que as nutrizes mercenárias desapareceram, pois várias atividades antes exercidas só por homens começaram a ser ocupadas por mulheres, e também se abriu, amplamente, o mercado de trabalho nas fábricas.

À medida que se desenvolvia a industrialização e mais mulheres entravam na força de trabalho, mais necessidade tinha a puericultura de criar novas técnicas de utilização do leite de vaca conservado, principalmente sob a forma de leite em pó, para tornar possível que a mãe trabalhasse fora.

O desenvolvimento desses tipos de leite em pó, cada vez mais sofisticados, atendia a dois aspectos do sistema: por um lado, liberava a mulher para o trabalho, onde ela ganhava menos que o homem e, por outro, colaborava com o incentivo do consumo para o desenvolvimento da nova indústria que surgia.

Mas a atuação dos puericultores não parava por aí. Seus estudos tornavam-se mais arrojados, no sentido de introduzir cada vez mais precocemente novos alimentos para o bebê, em substituição ao leite materno. Assim, foram criadas e aprimoradas as papinhas de frutas, as sopas de legumes e carne, os mingaus; o pretexto para seu uso eram sempre os prejuízos que teriam as crianças se não os ingerissem, pois seriam condenadas à anemia, a avitaminoses, a deficiências de sais minerais, etc.

Com o desenvolvimento dessas técnicas alimentares substitutivas do aleitamento materno, mais a criação de creches, clubes de mães e postos especializados, a puericultura e suas instituições tornavam-se agentes importantes da reprodução das relações de produção. Os Estados logo perceberam essa função da puericultura e não tardaram em desenvolver seus programas materno-infantis.

Reportando-se a alguns livros de puericultura do começo do século para cá, nota-se que todos os autores incentivam o aleitamento materno. Entretanto, pode-se verificar que a evolução das regras de alimentação indicadas pelos puericultores sempre se dá no sentido de descobrir novos alimentos para substituir precocemente o leite materno e liberar a mulher para a força de trabalho:

> Na espécie humana, justamente porque ela pode dispor da inteligência, quis a natureza que o ser humano fosse o animal que mais tarde devesse ser segregado do seio de sua genitora.
>
> Realmente, enquanto o indefeso lactente precisa do aleitamento materno até 12, 14 ou mesmo 16 meses, um gato, um cabrito, um cão, um bezerro ou qualquer outro mamífero no primeiro, no segundo ou no terceiro já não se nutre exclusivamente do leite da genitora. [Moncorvo Filho, 1915]

O aleitamento misto ainda tem uma boa aplicação nos casos de mulheres fâmulas, proletárias e outras que se vêem na dura contingência de trabalhar fora de casa para ganhar a vida. Desta sorte, como se dá nas *Creches,* a genitora amamenta o filho de manhã e à noite, durante o dia alimentando-se ele com o leite esterilizado. No entanto, sempre que for possível, é preferível alternar o leite humano com o leite esterilizado. [Moncorvo Filho, 1915]

Infelizmente a existência da ama-de-leite constitui um mal irremediável e sou o primeiro a reconhecer que a facilidade com que se encontra uma mulher capaz de ceder a outrem o seio do seu filho, é a causa primária pela qual, de modo tão acentuado, as senhoras de famílias abastadas se furtam à sublime missão do aleitamento de seus filhos.

Na generalidade dos casos, o lactente afortunado prospera no seio da nutriz mercenária, o filho desta abandonado no lar de uma criadeira, privado do único direito que a natureza lhe consagrou ao vir ao mundo, e que é o seio materno, arrasta uma vida infeliz, assediado por todos malefícios que quase sempre acabam levando-o ao túmulo. [Moncorvo Filho, 1915] [17]

Suspende-se ordinariamente a amamentação, quando a criança completa o seu primeiro ano. Sem inconveniente a lactação será estendida por mais dois ou três meses, mas se exclusiva até então a criança não medrará bem. Esse alimento não veicula substâncias minerais, valiosas para a criança, com as quais ela nasce e cujos depósitos estão esgotados aos doze meses.

Para que nesse prazo afastemos do seio o lactente, usaremos do método gradual. Aos seis meses propinaremos um mingau por dia; aos sete, dois; aos oito, três; aos nove, quatro; aos dez, cinco; aos onze, seis. Uma refeição que fique para o seio, e com facilidade se esquecerá dela a criança. [Fernandes Figueira, 1920] [18]

Quando entra o 6.º mês deve a criança normal começar a receber outro alimento além do leite. Antigamente, admitia-se como razão a seguinte. O leite é alimento que contém pouco ferro. Em compensação, a natureza dispôs no fígado e nos músculos do lactente reservas desse metal que se vão esgotando no correr dos meses.

....

[17] Moncorvo Filho. *Higiene infantil (preleções do "curso popular" realizado em 1915 no Instituto de Proteção e Assistência à Infância do Rio de Janeiro).* Rio, Imprensa Nacional, 1917, pp. 192, 228 e 237.

[18] Figueira, F. *Livro das mães. Consultas práticas de higiene infantil.* Rio, Leite Ribeiro & Maurillo, 2.ª ed., 1920, p. 131.

> Seja como for, para evitar essa espécie de anemia por falta de ferro ou de vitaminas, é indicado durante o 6.º mês substituir uma refeição de leite (de peito ou de vaca) pelo leite engrossado com uma farinha (mingau ralo). [Leonel Gonzaga, 1931] [19]
>
> Depois dos seis meses, o leite materno, como alimentação exclusiva é insuficiente; cumpre desta data em diante, ir substituindo as mamadas, uma após outra, por sopas de vegetais, mingaus etc. [Dr. Wittrock, 1939] [20]

Depois de fazer apologia e indicação irrestrita do aleitamento materno, Hugo Fortes, em sua *Puericultura,* de 1940, fala da alimentação com o leite em pó da seguinte maneira:

> A prática diária de muitos anos tem-me convencido que o leite em pó resolveu completamente o problema do leite. Hoje em dia, graças ao mesmo, podemos, com grande facilidade e com resultados brilhantes, alimentar lactentes desde os primeiros dias de vida, sem temor de diarréias ou infecções, freqüentes com o uso do leite de vaca não fiscalizado.
>
> ....
>
> O leite reduzido a pó apresenta constituição química fixa, não variando a taxa de seus elementos; além disso, sua pureza e a ausência de germes provocadores de moléstias, tornam-no um *leite ideal* [grifo no original] para a alimentação do lactente. [Hugo Fortes, 1940] [21]

Em 1943, Martagão Gesteira, em sua *Puericultura,* indicava iniciar a ablactação aos seis meses, com uma sopa de legumes feita em caldo de carne, mas já mostrava as tentativas de puericultores experimentarem o início de outros alimentos mais precocemente:

> Em alguns casos, dependentes de certas condições da nutriz, ou do menino, iniciamos a ablactação um pouco mais cedo, ao quinto mês.

---

19 Gonzaga, L. "Alimentação da criança normal". *In* Sant'Anna, J. e Gonzaga, L. *Escola de mães, saúde de filhos.* Rio, Of. Gráfica da Casa Leuzinger, 2.ª ed., 1931, pp. 257-8.

20 Dr. Wittrock. *Guia das Mães.* Rio, 6.ª ed., 1939, p. 46 (não consta editora).

21 Fortes, H. *Puericultura.* Rio, Gráfica Olímpica, 3.ª ed., 1940, pp. 100-1.

por um mingau de farinha, leite e açúcar. Não haveria inconveniente entretanto em começar já no 5.º mês por uma sopa de legumes, que Finkelstein mandava dar em pequenas doses uma colher por dia desde o terceiro mês, para ir habituando a criança. [Martagão Gesteira, 1943] [22]

Depois da Segunda Guerra Mundial, a influência da pediatria e da puericultura norte-americanas começou a predominar no Brasil. Com isso, os alimentos sólidos começaram a ser introduzidos mais cedo. Consultando-se os vários "guias para criar bebês" que apareceram após 1950 no Brasil, nota-se esse fato. Com o aparecimento e sucesso nos Estados Unidos do livro do Dr. Benjamin Spock, traduzido na década de 60 no Brasil sob o título de *Meu filho, meu tesouro,* a influência sobre os puericultores brasileiros foi grande. Na edição norte-americana de 1968, traduzida no Brasil, há um trecho sobre a introdução de alimentos sólidos:

> Não há idade preestabelecida para iniciar a alimentação sólida. — Há cinqüenta anos, iniciava-se este tipo de alimentação, quando o bebê tinha um ano de vida. Com o correr do tempo, os médicos começaram a dá-la cada vez mais cedo, chegando à conclusão de que o bebê a aceita bem e progride satisfatoriamente com ela.
>
> ....
>
> Modernamente, os médicos começaram a prescrever os primeiros alimentos sólidos entre o 2.º e 4.º mês de vida.[23]

A edição de 1969 do *ABC das mães,* de Odilon de Andrade Filho, já recomenda no terceiro mês de vida "refeição de uma banana passada no liquidificador com o leite". No quarto mês, "papas de frutas esmagadas, usar 1/2 gema de ovo dura com os cereais da manhã" e "pode ser-lhe dada a primeira sopa de legumes".[24]

---

22 Gesteira. M. *Puericultura (higiene alimentar e social da criança), op. cit.,* p. 103.

23 Spock, B. *Meu filho, meu tesouro. Como criar seus filhos com bom senso e carinho.* Rio, Record, 8.ª ed., s/data, p. 139.

24 Andrade, O. *ABC das mães. A criança do nascimento à adolescência.* Rio, Forense, 1969, pp. 68-70.

Com o tempo, os puericultores passaram a usar, entre o segundo e o quarto mês de vida, um número enorme das mais diversas frutas, cereais, verduras, legumes e carnes. Na edição de 1980 de *O grande livro das mães,* do Dr. J. R. Woiski, o autor recomenda "Papas de frutas — banana, maçã, pêra, caqui, mamão, ameixa, pêssego e abacate", nas papas de cereais: fubá de milho, aveia, arroz, cevada, semolina de trigo e creme de arroz. Nos purês de hortaliças, recomenda: batatas, cenoura, mandioca, mandioquinha (batata-baroa), chuchu, abóbora, abobrinha, espinafre, beterraba, couve-flor, berinjela, cará, alface, agrião, brócolos, tomate e acelga. Para preparar o purê, refogar carne ou fígado em óleo ou manteiga, com salsa e rodelas de tomate.[25]

Evidentemente, foram avanços importantes na alimentação infantil, desenvolvidos neste século. Na verdade, o uso desses alimentos industrializados ou preparados pelas mães e sua eficiência dependem do grau de cultura e das condições econômicas da família que alimenta o bebê. Foi o que ocorreu com os leites em pó, sofisticadamente industrializados e usados pelas populações pobres de países subdesenvolvidos. Com o tempo, chegou-se à conclusão de que o uso desses leites era mais prejudicial do que benéfico para as crianças pobres. Milhares, talvez milhões de bebês, de famílias pertencentes a classes baixas, morreram nestas últimas décadas, em países subdesenvolvidos, pelo uso precoce dos leites em pó. Essa história será contada no próximo capítulo.

É preciso lembrar que todos esses "avanços" das técnicas da nutrição infantil foram usados pelos programas materno-infantis de diversos países sob os mais variados pretextos e que, no entanto, encobriram, muitas vezes, sua verdadeira função de reprodução das relações de produção da sociedade. Pode-se considerar, então, o programa materno-infantil como uma das importantes peças do Aparelho Ideológico Médico. Essa importância se acentua na medida em que o pediatra adquire influência na ideologia familial, ao exercer seu mister na relação médico-mãe e médico-família.

---

25 Woiski, J.R. *O grande livro das mães.* São Paulo, Melhoramentos, 1980, pp. 102-3.

Os exemplos expostos até aqui serviram apenas para demonstrar como funciona o processo ideológico da puericultura. É evidente que os exemplos são inúmeros, pois basta a leitura, não inocente, dos livros de pediatria e puericultura ("guias das mães"), revistas especializadas médicas e populares, e seções sobre crianças na imprensa leiga, para se encontrar uma série de afirmações, conceitos, indicações, regras, instruções sobre como tratar e educar as crianças pequenas, cheias de distorções da realidade. Todos esses textos, entretanto, constituem peças importantes para se conhecer a situação das crianças dentro da sociedade atual. Nesse sentido, os livros de puericultura prestam inestimáveis informações sobre a vida e a história da infância de um país.

6

SEIO DE MÃE A TRANSBORDAR... POLÍTICA

De alguns anos para cá, estamos assistindo, em muitos países do mundo, a um movimento de incentivo ao aleitamento materno. Na verdade, trata-se do retorno das campanhas empreendidas, desde o século XVIII até o início do atual, por médicos, escritores, educadores, etc. Se bem que os motivos da atual campanha a diferenciem daquelas promovidas nos séculos XVIII e XIX, nunca deixou de haver interesses políticos envolvidos. Como se viu nos capítulos anteriores,* nestes três últimos séculos o Estado passou a se infiltrar nas relações mãe-filho. Essas relações familiares, que pareciam puramente emocionais e afetivas, começaram a sofrer intervenção política em função dos interesses do Estado e de certas classes sociais.

Desde o século XVIII, os médicos vinham observando que a alta taxa de mortalidade infantil ocorria, em grande parte, por causa do aleitamento mercenário; daí terem desenvolvido vários argumentos no sentido de lembrar às mães a importância de amamentarem os próprios filhos. Se todas as fêmeas de animais davam seu leite aos filhotes, por que as mulheres não faziam o mesmo? Apelaram de todas as maneiras, pois amamentar era função natural, e, de argumento em argumento, chegaram até a ameaçá-las e culpá-las pelos problemas ocorridos com seus bebês.

Um ponto fundamental e novo em todas essas idéias era a exaltação ao amor materno. Com a associação dos dois termos,

* É imprescindível a leitura dos capítulos anteriores para a compreensão histórica e política do aleitamento materno.

amor e *materno,* promovia-se um sentimento e também a mulher, na função de mãe. Esse enaltecimento à mãe, principalmente a que amamenta, era também um conceito ideológico, pois, com tal atitude, aos poucos se elevava a mulher no contexto familiar, em detrimento do poder paterno (interesse do Estado em reduzir o poder político dos chefes de família). " 'Sem amamentação', diziam eles [os médicos], 'não havia amor.' A mãe que não amamentava era uma 'desnaturada', comparável às feras." [1] Por trás de todos esses argumentos, muitas mulheres viram a possibilidade de igualdade, de serem respeitadas pelos homens. Era um futuro de felicidade que despontava.

Na França, desde o final do século XVIII, existia esse movimento, com o sentido de que as mulheres voltassem a experimentar o amor materno, que amamentassem os filhos e se preocupassem com eles, para que tivessem maiores probabilidades de sobrevivência. Eram três os tipos de discursos utilizados para esse fim: um era econômico e alarmista, dirigindo-se somente aos homens esclarecidos; outro era filosófico, comum a ambos os sexos; o terceiro dirigia-se exclusivamente às mulheres.[2] O primeiro era uma tomada de consciência da importância da população para o capitalismo, para o novo Estado e seus exércitos. Dizia-se que a Europa estava se despovoando porque as mães não queriam cumprir seu dever. Sob o reinado de Luís XIV, calculava-se que um menino, em cada dois, chegava à idade de casar-se. "O ser humano converteu-se em um artigo precioso para o Estado, não só porque produzia riquezas, como também garantia seu poder militar." Esse discurso de nada adiantava se não se convencessem as mulheres de que só se conseguiria a sobrevivência das crianças mediante cuidados intensivos por parte delas mesmas. É como diz Badinter: "a evocação tão-somente das necessidades econômicas e políticas nunca foi suficiente para modificar as condutas e os costumes. Os gritos de alarme de uns e as abjurações de outros estavam muito distantes das preocupações das mulheres, para que estas se decidissem a realizar o sacrifício que

1 Costa, J.F. *Ordem médica e norma familiar, op. cit.*, p .258.

2 Badinter, E. *Existe el amor maternal? Histórico del amor maternal. Siglos XVII al XX*. Barcelona, Paidos Pomaire, 1981, p. 121.

se lhes exigia. Pois, para muitas delas, se tratava de um sacrifício." [3] O imperativo econômico e militar não era argumento que motivasse as mulheres. Era preciso outro discurso, com outra linguagem, que não pedisse sacrifícios e obrigações mas falasse de felicidade e de amor. Assim foi o discurso filosófico: uma promessa de felicidade e valorização do amor; enfim, é o paraíso burguês que irá acontecer. A felicidade começa a ser realizada a dois e depois coletivamente; não é mais uma questão individual.

Para que as relações entre pais e filhos e entre esposos sejam felizes, devem estar baseadas no amor, no amor-amizade, na ternura. Toda essa ideologia já está em Rousseau. A maternidade é objeto de exaltação, a atividade mais invejável e mais importante que uma mulher pode esperar. Essa "nova mãe alimentará seu filho por prazer e receberá em pagamento uma ternura sem limites. Progressivamente os pais se considerarão mais responsáveis pela felicidade ou desdita de seus filhos. Esta nova responsabilidade, que já estava desde o século XVII nos reformadores católicos e protestantes, não deixará de acentuar-se ao longo do século XIX. No século XX alcançará seu apogeu graças à teoria psicanalítica. Cabe dizer que se o século XVIII lançou a idéia da responsabilidade paterna, o século XIX a confirmou, acentuando a da mãe; e o século XX transformou o conceito de responsabilidade materna em culpabilidade materna." [4]

O discurso dirigido às mulheres era no sentido de elogiar a beleza das que amamentavam, a frescura da pele e o aspecto sadio que irradiavam. Amamentar é tornar-se feliz, é fazer a família feliz, é doar amor. Mas também não deixa de ameaçar as mães que não amamentam: a natureza as castigará em sua carne e poderão ser vítimas de doenças. Não faltam médicos que as ameaçam de câncer no seio e até de morte repentina se não amamentarem os filhos. Enfim, depende das mães que aleitam a unidade familiar, a felicidade da sociedade e. por que não dizer, do Estado.

Como se viu nos capítulos anteriores, os médicos brasileiros recebiam influência de livros e artigos de seus colegas franceses.

---

3 *Ibid.*, p. 131.
4 *Ibid.*, p. 147.

O movimento no Brasil também buscava criar uma nova mulher, que Jurandir Freire Costa chama de "mãe higiênica". O modelo dessa mãe é ser amorosa e amamentar seu bebê, ter ternura e preocupação pelos filhos. Ser a enfermeira de plantão e aliada do médico. A criança passa a objeto privilegiado da atenção materna. A mãe prefere sacrificar-se para que o filho viva. A nova mãe é também higiênica fisicamente, gosta de limpeza e de exercícios.

As mulheres foram reagindo de maneira diferente a toda essa propaganda feita por médicos e educadores. Hábitos e atitudes não mudaram rapidamente. Apesar de todo o esforço, ainda em 1917, como vimos, no Rio de Janeiro e São Paulo existiam serviços para exames de amas-de-leite mercenárias. Seja como for, também no Brasil as famílias burguesas vão, cada vez mais, se preocupando com os filhos, a ponto de os pais se tornarem angustiados e ansiosos ante qualquer sinal de doença nas crianças. São os pais das famílias burguesas do século XX que os puericultores ajudaram a formar e possuídos de forte complexo de culpa em relação aos mínimos acontecimentos com os filhos, fato que não existia acentuadamente no século passado.

É assim que Moncorvo Filho, em seu curso de higiene infantil de 1915, não deixa de citar Rouvier: "[...] o aleitamento materno é instituição divina; é um dever sagrado ao qual nenhuma mulher se pode subtrair sem incorrer nas mais graves responsabilidades". Na ação transformadora de hábitos, a maioria dos discursos de médicos, educadores e intelectuais é dirigida à mulher, talvez por se julgar mais fácil domesticá-la. As palavras dirigidas às mães pelo puericultor do início do século XX deixam de ser conselhos e passam, às vezes, a ser ordens e até ameaças: "[...] o animal homem deve ser obrigado a submeter-se às prescrições da higiene, em todo seu rigor e à autoridade do médico". "Toda criança cuja alimentação não é criteriosamente seguida das regras estabelecidas pela higiene será fatalmente dispéptica e com freqüência acometida de acidentes, que podem assumir a maior gravidade levando-a até a morte."[5] O puericultor passa a ditar ordens precisas: o aleitamento devia ser acompanhado com a pe-

[5] Moncorvo Filho. *Higiene infantil*, *op. cit.*, pp. 73 e 225.

sagem freqüente da criança para se saber se ela estava aumentando de peso regularmente e, como era regra serem as mamadas ministradas a espaços regulares, Moncorvo Filho fez colocar em uma das paredes do seu dispensário a seguinte frase: "Mãe, relógio e balança são três coisas que, no aleitamento, não se concebem separadamente." Atualmente, o puericultor retiraria, da frase, o relógio.

SEIO MATERNO *VERSUS* MAMADEIRA

Um trabalho publicado na Inglaterra, em 1974, com o título sugestivo de *The baby killer* (*O matador de bebês*),[6] escrito pelo jornalista Mike Muller, deu início a um movimento mundial contra a propaganda indiscriminada dos leites em pó e, posteriormente, causou repercussões mais amplas. O autor acusava as empresas multinacionais produtoras de leite em pó, principalmente a Nestlé e a Cow & Gate, de contribuírem para o aumento da mortalidade infantil nos países subdesenvolvidos. O trabalho descreve as conseqüências decorrentes dos métodos de propaganda e venda dos leites em pó em alguns países africanos, asiáticos e centro-americanos. As empresas recorriam à distribuição de seus produtos em forma de amostras grátis a mães e maternidades para forçarem o seu uso. Em certos países, além de campanhas publicitárias intensas, criavam estabelecimentos que davam descontos especiais para mães dotadas de menores recursos. Todo esse sistema induzia à substituição do leite materno pelo artificial. O autor também demonstrou que o aumento da alimentação artificial nesses países levava a graves problemas de desnutrição e mortalidade infantil, pois mães pobres, residindo em casebres sem água encanada e esgoto, usavam água poluída para a confecção das mamadeiras e, sendo muitas analfabetas, não eram capazes de ler as instruções nas latas, de modo que usavam quantidades insuficientes de pó na diluição. Por outro lado, não possuíam, muitas vezes, poder aquisitivo para comprar combustível para ferver a água com

---

6 Muller, M. *The baby killer*. Londres, War on Want, 1974. (Traduzido para o português, sob o título *O matador de bebês*. Campinas, Cemicamp, 1981.)

que preparavam a mamadeira, ou mesmo não a ferviam por não terem instrução suficiente para entender a necessidade de tal procedimento. Tudo isso conduzia à desnutrição e à alta mortalidade das crianças pequenas, todos os anos, nesses países; daí o título do livro.

Na Suíça, *The baby killer* foi traduzido em alemão e publicado sob novo título: *Nestlé é responsável pela morte de milhares de bebês.* A empresa reagiu contra essa acusação direta e moveu processo contra o grupo responsável pela tradução. O fato alertou a opinião pública européia para o problema e, no julgamento, a empresa foi aconselhada a mudar o estilo de sua propaganda, considerada imoral e aética em sociedades subdesenvolvidas.[7]

Muller, com seu livro, acendeu uma fogueira que não se apagou até hoje e, ao que parece, continuará acesa ainda por muito tempo. É interessante assinalar que muitos pediatras e puericultores de países subdesenvolvidos já alertavam, desde o início da difusão do uso dos leites em pó, sobre os perigos de seu emprego, por causarem alta morbilidade e mortalidade infantis nas camadas populares. Assim, já em 1943, Martagão Gesteira alertava:

> Também a mortalidade é muito maior nos meninos criados a mamadeira do que nos meninos criados ao peito e de modo tal que o alactamento artificial é considerado como um dos principais fatores de mortalidade infantil. As estatísticas são neste particular todas acordes e permitem afirmar, de modo geral que, para cada 270 crianças que sucumbem com menos de 1 ano de idade, 250 são criadas a mamadeira e apenas 20 nutridas ao seio.

> Nas camadas populares a alimentação artificial da criança continua a ser feita ainda de modo defeituoso e precário, entre nós, de maneira que está sempre de pé e verdadeira aquela sábia sentença, que o grande e saudoso Professor Luiz Morquio, de Montevidéu, escreveu nas páginas de um de seus belos livros: "A verdade é esta — o menino criado ao peito só raramente adoece e só excepcionalmente morre."[8]

---

7 Coradini, O. L. e Fredericq. A. *Agricultura, cooperativas e multinacionais.* Rio, Zahar, 1981, p. 153.

8 Gesteira, M. *Puericultura (higiene alimentar e social da criança), op. cit.,* p. 80.

As vozes de puericultores de países subdesenvolvidos nunca tiveram e nunca terão capacidade de mobilizar a opinião pública dos países desenvolvidos; nem mesmo fatos escabrosos ocorridos com a infância podem comover os povos dos países industrializados. Quando isso acontece, com a mobilização da imprensa e de instituições, é porque outros interesses estão ligados a esses movimentos.

Em 1977, a fogueira acesa por Muller atingiu os Estados Unidos, sob a forma de uma campanha de boicote aos produtos da Nestlé, fornecedora de 50% do leite em pó consumido no Terceiro Mundo.* Nessa disputa, ficaram, de um lado, centenas de grupos ativistas, religiosos e médicos dos Estados Unidos, e do outro lado, cerca de 14 multinacionais produtoras de leite em pó, reunidas no Conselho Internacional das Indústrias de Alimento Infantil. A coisa foi evoluindo, com atividade sempre crescente das várias instituições interessadas no assunto. A apaixonada luta teve um importante lance em Genebra, no final de maio de 1981, quando, por oito votos contra um, a Organização Mundial da Saúde aprovou resolução recomendando que os países-membros adotassem severas restrições à publicidade do leite em pó. A propaganda só seria permitida em publicações médicas. O único voto contrário foi dos Estados Unidos e, no dia seguinte a essa votação, com grande repercussão na imprensa, dois altos funcionários da Agência para o Desenvolvimento Internacional (AID) renunciaram a seus cargos, alegando que a Casa Branca havia colocado "interesses comerciais imediatistas acima da saúde de milhões de crianças". Um dos funcionários era o pediatra Stephen Joseph, autoridade em assuntos de saúde infantil da Agência; o outro, o nutricionista Eugene Babb. Joseph, em agosto de 1981 — portanto, meses depois de sua renúncia — concedeu entrevista à revista brasileira *Veja*. À pergunta da repórter: "Como o senhor explica a decisão do Governo americano de votar contra o código da Organização Mundial da Saúde?", respondeu: "Acho que o voto se deve a três razões. A primeira, é claro, às pressões da

---

* O Comitê Internacional de Boicote à Nestlé decidiu, em 26-01-84, suspender a campanha que movia contra a companhia, desde 1977. (*Jornal do Brasil*, 27-01-84.)

indústria de leite em pó. A segunda razão é a ideologia da administração Ronald Reagan, que considerou mais importante proteger os interesses comerciais das companhias americanas. E, em terceiro lugar, acho que o Governo simplesmente estudou mal a questão. Não creio que eles realmente tenham entendido o papel da OMS ou os vários aspectos da questão." [9]

Todos esses acontecimentos indicam, claramente, ser o problema puramente político e econômico. Um dos pontos fundamentais da disputa era retornar à intensificação das campanhas pró-aleitamento materno, cessadas nas primeiras décadas deste século. Foi o que aconteceu. A mobilização das instituições iniciou-se após o despertar da opinião pública européia e norte-americana, ocorrido após a publicação do livro de Muller. Não demorou a se obter a adesão da Organização Mundial da Saúde e do Fundo das Nações Unidas para a Infância (UNICEF). A par dessas campanhas, levadas a efeito em dezenas de países, principalmente nos subdesenvolvidos, apareceram, como continuam a aparecer, trabalhos e pesquisas sobre aleitamento materno e sobre as causas que levaram as mães, nestas últimas décadas, a abandonar a amamentação de seus filhos, substituindo o seio pelas mamadeiras de leite em pó, como tinham feito nos séculos anteriores com as amas-de-leite. O problema, atualmente, é um pouco diferente. Antes, a disputa era *seio materno* x *seio da ama-de-leite;* agora é *seio materno* x *mamadeira de leite em pó.* Atualmente, a campanha em favor do aleitamento materno leva uma desvantagem em relação à anterior; as amas-de-leite não eram organizadas em defesa dos seus interesses, enquanto as campanhas atuais têm de enfrentar as poderosas e organizadíssimas multinacionais produtoras de leite em pó. De fato, os primeiros trabalhos que analisaram as causas do abandono crescente do aleitamento materno consideraram a propaganda abusiva dos leites em pó pelas multinacionais nos países subdesenvolvidos como a mais importante. A entrada maciça das companhias produtoras de leite em pó nos mercados do Terceiro Mundo teve uma causa. De 1957 a 1974, o número anual de nascimentos nos Estados Unidos caiu de 4,3 milhões

---

9 Stephen Joseph, entrevista concedida à revista *Veja*, 05-08-81, sob o título "Riscos do leite em pó".

para 3,1 milhões, o que também ocorreu, guardadas as proporções, em outros países industrializados. Isso determinou uma queda no faturamento dessas empresas nos países de origem; para conservar suas taxas de lucros, tiveram elas de procurar o mercado dos países periféricos, onde os índices de natalidade são sempre elevados.[10]

No Brasil, todos esses acontecimentos foram pouco divulgados entre os pediatras, por motivos expostos em raros trabalhos sobre o assunto. Um dos primeiros artigos de pediatra brasileiro sobre o assunto, datado de 1977, apresenta a propaganda do chamado "leite maternizado" como "uma lição da arte promocional".[11] E continua dizendo que a pressão é tão grande, no rádio e na televisão, que quando o médico não o aconselha, a própria mãe é que insinua: "É o próprio leite humano em pó." E esse leite ainda é distribuído "benemeritamente" nas maternidades e aos obstetras; e as instituições de beneficência os compram para distribuir aos pobres.[12] As críticas não param aí. O autor chama a atenção para o fato de que, "nas faculdades, as cátedras recebem bolsas e doações, os professores têm suas teses gratuitamente publicadas, há cursos organizados por beneméritos laboratórios em que certos especialistas são agraciados com excursões pelos mais variados recantos do país".

Quem faz a crítica da propaganda da Nestlé no Brasil com maiores detalhes é Antoinette Fredericq, na segunda parte do

---

10 Coradini, O. L. e Fredericq, A., *op. cit.*, p. 152.

11 Barbosa Filho, J. G. "O problema do leite maternizado (desnutrição comerciogênica). *Rev. Med. H. S. E.* 29(3), pp. 119-124, 1977.

12 Não eram só as instituições de beneficência que distribuíam leite em pó. Até pouco tempo e durante muitos anos, os postos de puericultura da Secretaria da Saúde do Rio de Janeiro também faziam distribuição do alimento às mães que trouxessem seus filhos para consulta e vacinação. Isso era feito sob o pretexto, primeiro, de atrair as mães a freqüentarem os postos e, em segundo lugar, com a finalidade de colaborar na nutrição das crianças pequenas. Com tal atitude, começou a haver abusos por parte das mães. Em um mesmo dia, levavam seus filhos a vários postos e obtinham muitas latas de leite, das quais algumas eram vendidas com a finalidade de melhorar o orçamento doméstico. O único meio de controle foi a exigência da apresentação de uma conta de luz, com nome e endereço; só o posto da região em que morava a mãe podia dar-lhe o leite.

livro *Agricultura, cooperativas e multinacionais.* O título dessa parte é "A 'babá' dos brasileiros: uma multinacional do setor leiteiro".[13] Nela se mostra toda a ação promocional da Nestlé junto aos pediatras, às mães, às instituições de saúde, e faz-se detalhada análise de alguns mecanismos de publicidade utilizados pela empresa,[14] afirmando-se que "a produção escrita da pediatria brasileira é quase totalmente controlada pela empresa. Esta aproveita seu controle para difundir sua ideologia ou para, pelo menos, impedir que seja questionada".

Além do impacto da publicidade comercial em favor dos leites artificiais, muitas outras causas do declínio do aleitamento materno, nestes últimos 30 anos, têm sido reconhecidas pelos estudiosos do assunto. Como já dissemos anteriormente, a respeito da industrialização, a entrada da mulher na força de trabalho levou as mães a uma parada precoce do aleitamento. Mas, por outro lado, esse mesmo fator foi causa do desaparecimento das amas-de-leite mercenárias, obrigando a puericultura, aliada à indústria, a buscar outras formas de alimentação da criança pequena, com o fim de substituir o aleitamento materno. Com isso, outro fator tornou-se importante: os grandes progressos obtidos na fabricação dos leites artificiais. Estes cada vez se tornavam mais sofisticados. Um sem-número de tipos de leites industrializados

---

13 Coradini, O. L. e Fredericq, A., *op. cit.* 1981.

14 Em março de 1982, houve uma comunicação feita pelo Serviço de Informações Científicas da Nestlé à classe médica brasileira, principalmente à pediátrica, no sentido de que a comercialização de seus leites em pó destinados à alimentação infantil seria feita de acordo com o Código de Comercialização dos Substitutos do Leite Materno, aprovado pela Assembléia da Organização Mundial da Saúde em maio de 1981.

Em janeiro de 1983, em circular a instituições médicas a Nestlé informava uma vez mais que se encontrava "totalmente comprometida na implantação do Código, que inclui, expressamente, artigos referentes a 'doações ou venda a preços reduzidos de suprimentos de fórmulas infantis a instituições ou organizações' [...]". Mais adiante, afirma: "A Nestlé respeitará integralmente as medidas de caráter nacional decorrentes do Artigo 11.1 do Código, destinadas a fornecer o mesmo apoio à amamentação ao seio. A Nestlé concorda que as mães devem ser encorajadas a amamentar ao seio e, assim, gostaria de pedir-lhes que tivessem em mente as recomendações da OMS sobre o assunto, caso venham a solicitar suprimentos de fórmula infantil."

aparecia no mercado a cada ano: leites acidificados, semidesnatados, integrais, maternizados, evaporados, acrescidos de vitaminas, de ferro, de farinhas, de açúcares, de gorduras vegetais, condensados, medicamentosos, para crianças prematuras, para as do primeiro semestre de vida, para as do segundo, etc. De um lado, a propaganda junto aos profissionais da saúde, de outro, o resultado relativamente eficiente no uso desses leites nas classes altas levaram os pediatras a se tornarem indiferentes ao problema do emprego dos leites em pó nas classes pobres. O Centro Internacional da Infância considera essa indiferença dos profissionais da saúde, principalmente dos pediatras, durante os anos posteriores à Segunda Guerra Mundial, como fator importante no declínio do aleitamento materno no mundo ocidental.[15]

Outro fator que tem sido considerado importante no declínio do aleitamento materno são as modificações da estrutura familiar no contexto da moderna vida urbana. A família patriarcal e a grande família, composta de vários parentes, cedem lugar à família nuclear (pai, mãe e filho). Os casais jovens perdem contato com as gerações mais velhas e tradicionais. A mãe jovem não tem mais o apoio, a ajuda e o incentivo dos parentes mais velhos (avós, tias, irmãs, etc.), elementos facilitadores do aleitamento materno. Além disso, a vida difícil nas grandes cidades funciona como obstáculo; e os pediatras procuram ajudar as mães, de uma forma ou de outra. O professor Fanconi, ilustre pediatra suíço, em agosto de 1966, presidindo, no VII Congresso Internacional de Nutrição, um simpósio sobre "Novas aquisições no domínio da alimentação do lactente", referiu-se a esse fator, dizendo:

> "[...] na Suécia, mais de 95% dos lactentes recebem alimentos em conserva, a conselho médico. Com efeito, atualmente se conhece a composição ideal da alimentação do lactente, notadamente no que concerne às vitaminas, ao ferro (fórmulas enriquecidas com ferro), etc.; paralelamente, tornou-se difícil a preparação de uma boa mamadeira com produtos frescos, em nossos dias, por efeito da urbanização, (pela exigüidade dos apartamentos e por faltar ajuda em casa, para as mães de família freqüentemente sobrecarregadas por ativi-

---

[15] Centro Internacional da Infância. "Aleitamento materno", III Parte. *J. Ped.*, vol. 52 (6), 1982, pp. 433-8.

dade profissional; ademais, esta preparação é mais cara do que a de alimentos industrializados.[16]

Como outro motivo para a diminuição do aleitamento materno, tem-se sugerido o elemento imitação das classes ricas. Com as desculpas de progresso e modernismo, e mesmo para demonstrar *status,* mães de classe média e pobre adotam freqüentemente o aleitamento artificial. Por outro lado, muitas mães têm vergonha de amamentar em público; outras, com preocupações de ordem estética, não dão de mamar aos filhos.

Mães e mesmo médicos preferem, muitas vezes, desde o início, o aleitamento artificial, com a finalidade de adotarem um método anticoncepcional eficaz, sem correrem o risco de uma parada precoce do aleitamento materno.

Outros motivos de maior ou menor importância têm sido lembrados nos vários estudos realizados sobre as causas da diminuição do aleitamento materno. Na verdade, a importância da causa é variável, segundo o país, e mesmo em determinado país, segundo a região ou os grupos populacionais.

POLÍTICA PROMOCIONAL DO ALEITAMENTO MATERNO

É evidente que as campanhas atuais em favor do aleitamento materno assumem formas diferentes e utilizam argumentos diversos dos usados nos séculos XVIII e XIX. E nem poderia deixar de ser assim, pois, de lá para cá, muitas pesquisas e estudos foram feitos sobre a produção do leite pelas glândulas mamárias, sobre os componentes nutritivos do leite, sobre sua capacidade de transmitir anticorpos; enfim, de 1974 para cá, principalmente nestes últimos cinco anos, há um número crescente de artigos em revistas de pediatria enfocando o aleitamento materno. Daí, então, muitos argumentos serem novos. Mas é interessante que outros sejam, se não iguais, pelo menos parecidos com os que se usavam no século passado. Os tempos mudaram; entretanto, o discurso para os intelectuais e para as classes políticas, no sentido de se dimi-

---

[16] Fanconi, G. *A história do aleitamento artificial do lactente.* Anais Nestlé, fascículo n. 89, p. 12.

nuir a mortalidade infantil, continuou o mesmo, embora não mais se baseando na necessidade do Estado de aumentar a população para a formação de seus exércitos, para povoar seus territórios ou para conseguir mais mão-de-obra. Agora, o discurso mostra que altas taxas de mortalidade infantil são uma "vergonha nacional" perante outras nações. Mas como o Estado, atualmente, não se interessa pelo aumento da população, esse discurso introduz novos conhecimentos adquiridos, no sentido de que o aleitamento materno tem a capacidade de provocar o espaçamento entre as gestações. O aleitamento seria, então, uma forma, se não segura de controle individual da natalidade, pelo menos eficaz em grande escala.[17]

Nesse discurso para a classe política, economistas e intelectuais inclui-se também a repercussão que tem a amamentação materna sobre o plano econômico, principalmente nos países subdesenvolvidos, em que é baixa a produção de leite de vaca. Nesses casos, o leite em pó deve ser importador para suprir as necessidades alimentares dos lactentes. Aí são feitos cálculos de quantos milhões de dólares são gastos, na hipótese de as mães não alimentarem seus filhos, e quantas vacas são necessárias para substituir determinado número de mulheres que não amamentam. Chega-se a dar exemplos, para melhor apreciar as conseqüências do declínio do aleitamento materno: com uma taxa inicial de 100% de mães amamentando, caindo em poucos anos para 50%, num país em desenvolvimento com 10 milhões de habitantes e uma taxa de natalidade de 45 por mil, pode-se calcular que a *perda* de leite acarretada por essa queda na amamentação se elevaria a 40 milhões de litros por ano. Essa quantidade teria

---

17 Grant, J. P. *O estado mundial da infância, 1982-1983.* (Relatório do diretor executivo do UNICEF). Na p. 4, lê-se: "[...] além do mais, a prolactina, que no ato de mamar fica no próprio corpo da mãe, é também um anticonceptivo natural. E apesar de não ser um método confiável para ser aplicado à planificação familiar, sob o ponto de vista da mãe, não deixa de prevenir vários milhões de concepções anuais em mães cujos organismos ainda não se recuperaram plenamente do parto anterior." Alan Berg, conselheiro de nutrição do Banco Mundial, estimou que aproximadamente 5 milhões de nascimentos anuais poderiam ser evitados, somente na Índia, se a amamentação natural fosse "efetivamente praticada".

de ser importada sob a forma de leites dietéticos.[18] O discurso continua, acrescentando a tudo isso as despesas decorrentes dos cuidados médicos e hospitalares por causa da alta morbilidade das crianças nutridas artificialmente. E prossegue, ainda, mostrando a importância da rentabilidade econômica do leite humano. A mulher é capaz de transformar alimentos baratos, que fornecem calorias e proteínas vegetais, em um alimento altamente nutritivo, que é o leite humano. Para os economistas a produção do leite da mulher tem excelente relação custo/eficiência. Seria preciso, então, considerar a produção do leite materno, quando se faz um levantamento dos recursos alimentares de determinada população, como por exemplo nas pesquisas sobre disponibilidade alimentar. Continua o seio materno a "transbordar política" sem que os principais interessados, mães e filhos, sejam necessariamente os verdadeiros beneficiários das mudanças recomendadas.

É lógico que, para se organizarem as campanhas em favor do aleitamento materno, é importante ter conhecimento sobre a etnia e a classe a que pertencem os pais, como são seus costumes e características e quais são as principais causas do declínio da amamentação na região. O Centro Internacional da Infância e o UNICEF publicam orientações completas sobre como organizar campanhas, visando principalmente a formação de bons divulgadores entre o pessoal de saúde e os estudantes de medicina, e também a educação do público, procurando motivar em primeiro lugar as mulheres. Quanto mais instituições possam participar da campanha e mais associações se formem em torno da idéia, melhor. Existe a Liga do Leite Materno do Brasil, que faz parte de uma organização mundial — La Leche League International —, composta de mães que amamentaram e se dedicam a ajudar outras mães a amamentar seus bebês. A Liga conta com o auxílio de um conselho médico composto de pediatras, obstetras, psicólogos, alergistas e nutricionistas.[19] A Sociedade Brasileira de Pediatria

---

18 Centro Internacional da Infância. "O aleitamento materno", 3.ª parte, *op. cit.*, p. 434.

19 Applebaun, R.M. *Técnicas modernas para o êxito da amamentação.* O folheto não tem indicação da editora, nem data de publicação. Parece ter sido editado pela Liga do Leite Materno do Brasil.

também formou um Grupo de Incentivo ao Aleitamento Materno, com atuação em vários Estados brasileiros.

Para o pessoal de saúde que trabalha junto às mães, existem dois discursos: um para os países industrializados e outro para os subdesenvolvidos. No caso dos países industrializados, o pessoal de saúde deve, antes de tudo, "permitir às mulheres a escolha, com todo conhecimento de causa, entre as diferentes maneiras de aleitamento e, após, respeitar esta escolha. [...] Em contraposição, não se pode falar de escolha para a maioria da população dos países em desenvolvimento, principalmente na zona rural e nas periurbanas, onde somente o aleitamento materno poderá ser utilizado por causa dos perigos do aleitamento artificial neste contexto".[20] Essa atitude em relação às mulheres dos países subdesenvolvidos parece não ser válida para certas regiões. Pesquisas feitas com mães em São Paulo e em Recife mostram resultados que desmentem a suposta ignorância da mulher brasileira sobre a importância do aleitamento materno. Assim, Spindel, citado por Blay,[21] verificou que, nas duas cidades citadas, mulheres de diferentes condições econômicas consideram que se deve amamentar uma criança por seis meses ou mais (44,4% em São Paulo, 62,6% em Recife). Na prática, porém, elas não agem assim: o desmame ocorre mesmo antes de um mês. No artigo de Eva Blay, a autora diz haver a pressuposição de que a emancipação da mulher e o feminismo constituem obstáculos à amamentação. E chama a atenção para o nível de conscientização da mulher brasileira sobre a questão do aleitamento, cuja importância ela reconhece sobejamente. A questão a ser debatida, e é o que o feminismo brasileiro tem feito, é analisar as desigualdades das condições de vida que obrigam a mulher a deixar de amamentar seu filho. Uma campanha de incentivo ao aleitamento materno, sem a concomitante criação de condições para que isso se efetive, vai apenas provocar um brutal sentimento de culpa em mães impotentes para solucionar um problema do qual são, mais que tudo, "vítimas". De

20 Centro Internacional da Infância. "Aleitamento Materno". II Parte: "Documento destinado aos profissionais de saúde e educadores", *J. Ped.* vol. 52(5), 1982, p. 365.

21 Blay, E.A. "Emancipação da mulher e aleitamento ou a política do aleitamento materno", *Pediat. (São Paulo)* 5:129-132, 1983.

fato, as desigualdades sociais entre as mães criam dificuldades para os divulgadores e para o pessoal do setor de saúde.

Quanto ao discurso dirigido às mulheres, é preciso usar técnicas diferentes das citadas anteriormente. As mulheres não serão motivadas a amamentar seus filhos só porque, com tal atitude, acarretarão uma economia de divisas para o país, ou porque devam competir com as vacas na produção de leite para reduzir a importação do produto industrializado. Isso não interessa a elas. Torna-se necessário um tipo de discurso diferente, que atinja a sensibilidade feminina ou que permita vislumbrar uma situação melhor para as mulheres. É por isso que, nas campanhas atuais, muita coisa foi copiada ou adaptada das técnicas utilizadas no século passado, mas com uma vantagem, pois atualmente se dispõe de meios mais eficientes de divulgação, como a televisão, o rádio, a imprensa, os cartazes, etc. Como no século passado, voltou-se a incentivar o "amor materno", só que agora os divulgadores têm noção de que a amamentação não é uma atividade puramente "instintiva".[22] Não se trata de instinto, mas de atividade cultural que pode ser estimulada, nas mães, pela propaganda intensiva. Sendo o "amor materno" um sentimento, ele pode ser manipulado e exaltado. Portanto, trata-se de motivar as mães, de enaltecer aquelas que amamentam, mostrando que dar o seio aos filhos é "doar amor" e "carinho". Os títulos dos livros e folhetos, bem como as legendas dos cartazes atuais, refletem essa mensagem.[23]

---

22 Centro Internacional da Infância. "O aleitamento materno". II Parte, *op. cit.*, p. 363. "Sabe-se agora que a faculdade de alimentar ao seio nos seres humanos não é uma atividade puramente instintiva. Ela provavelmente nunca o foi e, mesmo nas sociedades tradicionais, tratava-se de fato de uma arte transmitida de geração a geração. Esta transmissão se fazia pela família, em geral pela mãe, ou pela *entourage* familiar.

23 Murahovschi, J. *et alii. Cartilha de amamentação ... Doando amor.* São Paulo, Almed 1982; Ministério da Educação e Cultura. *Amamentação materna. Vida, saúde e amor.* Rio, 1982.

Cartazes amplamente distribuídos nos Serviços de Pediatria mostram sempre a figura de uma criança amamentando-se ao seio, como um da Sociedade Brasileira de Pediatria, com a legenda: "Aleitamento materno — Ato de amor". Outro, distribuído pela Prefeitura da Cidade do Rio de Janeiro, relativo à I Semana de Criatividade Sobre Aleitamento Ma-

É preciso também lembrar que a linguagem atual da propaganda é beneficiada pela consciência de responsabilidade que os pais, e principalmente as mães, foram adquirindo no decurso do século XIX. Puericultores e médicos tiveram trabalho intenso para criar, no século passado, o conceito de responsabilidade materna e, atualmente, o de culpabilidade das mães perante seus filhos. Tais idéias inexistiam no século passado. Hoje, a presença desses sentimentos facilita a aceitação de uma série de medidas higiênicas por parte das mães.

Como no século passado, a propaganda ameaça a mãe que não amamenta. Antigamente se ameaçavam as mulheres que não davam o seio aos filhos com a possibilidade de terem câncer. Atualmente bate-se na mesma tecla: "Quando você amamenta, além de dar o melhor ao bebê, evita o câncer da mama." [24] Naturalmente, frases como essa criarão problemas mentais terríveis em inúmeras mulheres que, por um motivo ou por outro, não puderem amamentar seus filhos. Por muitos anos persistirá na cabeça delas, como espada de Dâmocles, a possibilidade de adquirirem o terrível câncer no seio. E não são poucas as mulheres que não amamentam por trabalharem fora de casa, e não por vaidade...

A sexualidade feminina e dos casais, desde o século passado, sempre foi preocupação para os que promoviam o aleitamento materno. Os médicos daquele tempo sabiam que uma das causas por que muitas mães abandonavam a amamentação ao seio era o fato de elas pensarem que as relações sexuais poderiam prejudicar o leite. Os casais tinham, então, interesse em arranjar uma ama-de-leite, quanto mais cedo possível. Na atualidade, o problema se apresenta de maneira diferente. Agora, a propaganda diz que o aleitamento materno "estimula o prazer sexual". "Enquanto a mulher está amamentando, o útero se contrai e volta ao tamanho que tinha antes, mais rapidamente. Talvez isso faça com que a mulher que amamenta sinta vontade de ter relações sexuais mais cedo do que aquelas que não amamentam. A mãe

---

terno, tem a seguinte legenda: "Amamentar é dar e receber carinho, proteção e saúde".

24 Ministério da Educação e Cultura. *Amamentação materna. Vida, saúde e amor.* Rio, 1982, p. 12.

que amamenta volta a ter prazer sexual mais cedo."[25] Na vida moderna, onde a sexualidade tem importância fundamental, é evidente que palavras como essas são estimulantes para as mães e para os casais.

Outro aspecto importante do discurso para as mulheres, desde o século passado, é o que diz respeito à estética, à beleza do corpo, principalmente dos seios. Como o que interessa ao Estado, atualmente, não é mais o aumento da população, mas o seu controle, o discurso atual explica os seios caídos pondo culpa no número de gestações, na idade e no tipo de trabalho exercido pela mulher. Assim, o folheto do Ministério da Educação e Cultura sobre a amamentação materna chama atenção para o problema: "A beleza do seio (estética) não tem nada a ver com a amamentação. Seio caído ou firme depende do número de vezes que a mulher engravidou, da idade, do seu tipo físico e do tipo de trabalho que desenvolve (dona-de-casa, lavradora etc)."[26] Como no contexto cultural do mundo ocidental de hoje o seio representa mais um símbolo sexual do que um órgão produtor de leite, é importante não relacionar sua deformidade à amamentação. Como o interesse do Estado atual está na redução da natalidade, é *melhor* acusar as gestações repetidas.

Ultimamente, com maior destaque no Rio de Janeiro, um grupo de mães se associou com o objetivo de conscientizar pais, mães e autoridades para o problema da amamentação ao seio. Elas se reúnem em lugares públicos e se deixam fotografar amamentando seus filhos ao seio. O grupo se chama As amigas do Peito.[27] A esse grupo se associaram algumas artistas de teatro e televisão e, com essa atitude de aparecerem em público, procuram demonstrar às outras mães que não é vergonha amamentar o filho. A primeira impressão que se tem é de se tratar de uma organização original. Entretanto, já em 1766, mulheres de "meios acomodados" de La Rochelle, na França, impressionadas com o aumento das mortes entre os filhos entregues a amas-de-leite camponesas, decidiram dar o peito, elas mesmas, mas de maneira nova: em público, o que era um escândalo naquela época. Em Saint-Malo,

---

25 *Ibid.* p. 13.
26 *Ibid.*, p. 35.
27 *Jornal do Brasil*, Caderno B, 29-4-1983.

no ano de 1780, as mães fizeram o mesmo, pois uma epidemia de sífilis fazia estragos entre as amas-de-leite.[28]

Com a adoção do aleitamento materno, são evidentes os benefícios emocionais e psicológicos para a criança e para a mãe. Ocorre que a propaganda nesse sentido enaltece as vantagens, muitas vezes exageradamente. Blay conta que, participando do Encontro sobre Aleitamento Materno, realizado em 1981, no Instituto da Criança do Hospital das Clínicas de São Paulo,[29] ouviu de um representante governamental a leitura do documento oficial onde se exaltavam as vantagens da amamentação ao seio pela mãe como forma de evitar que a criança se tornasse marginal! Parece incrível que se possa afirmar tal coisa, sabendo-se que a grande maioria das crianças brasileiras é submetida a um grau intenso de violência pela própria sociedade, que não a socorre com alimentação, educação, atenções de saúde, habitação, etc. Não seriam alguns meses a mais de amamentação ao seio que iriam salvar essas crianças da miséria em que vivem. Mas tudo isso não é de se admirar, pois um pediatra suíço, ensinando como refutar a argumentação de que a mãe que trabalha fora não recebe compensação moral ou material pela perda de rendimentos, explica: "Todas as mulheres deveriam compreender que, de todas as profissões, nenhuma é tão insubstituível quanto a de mãe. Desembaraçar-se de um lactente, confiando-o a uma creche, a uma 'mãe provisória' (tal como se estaciona um carro num estacionamento), é um ato que terá as devidas repercussões. Tais crianças frustradas apresentam a conta, mais tarde (extorsão de dinheiro para as despesas, escolas particulares, aumento da delinqüência juvenil, toxicomanias, 'viciados' em TV, parasitas da sociedade). A amamentação ao seio poderia ser facilmente divulgada pelos veículos de comunicação de massa se o significado social da profissão de mãe tivesse a cotação que merece." [30] A maternidade rebaixada a profissão! Só faltou o autor recomendar

---

28 Badinter, E. *Existe el amor maternal? Historia del amor maternal, op. cit.*, p. 167.

29 Blay, E.A. "Emancipação da mulher e aleitamento materno ou a política do aleitamento materno". *Pediat (São Paulo)*, 5:129-132, 1983.

30 Frischknecht, W. "Desenvolvimento da personalidade da mãe através do aleitamento ao seio". *Anais Nestlé*, n. 103, 1979, p. 94.

às mães a formação de um sindicato e culpá-las por todos os problemas da juventude suíça pelo fato de não amamentarem seus filhos.

Muitos dos que ingressam nas campanhas em favor do aleitamento materno, sejam pediatras ou outros elementos pertencentes aos serviços de saúde, muitas vezes se entusiasmam tanto com o assunto que passam a considerar a amamentação como o problema fundamental das crianças dos países subdesenvolvidos. Passam a achar que, se todas as mães amamentassem seus filhos, estaria resolvido o problema da fome, da mortalidade e da morbilidade infantis. O próprio diretor executivo do UNICEF, em seu relatório intitulado *Situação mundial da infância — 1984*,[31] adverte sobre o problema, mostrando que "existe um elemento desta crescente campanha que apresenta dificuldades fundamentais, mas que não pode, sob hipótese alguma, ser ignorado. Promover a causa do aleitamento materno é promover a disponibilidade das mães para amamentar seus filhos, várias vezes por dia, todos os dias de cada mês, por um ano ou mais, e fazê-lo no caso de vários filhos, durante vários anos. Ignorar este fato seria transformar a campanha de incentivo ao aleitamento materno noutro exemplo das pressões sociais, para aumentar as aspirações da mulher, sem oferecer-lhe o mínimo de apoio. Por isso, esta campanha deve também preocupar-se com a questão da licença remunerada para a maternidade; da segurança contratual durante a gestação e o parto; da instalação de creches e de locais adequados para o aleitamento materno no trabalho; dos intervalos remunerados para a amamentação; de tecnologias para aliviar a carga de trabalho feminino; de educação comunitária sobre os processos de gestação, lactação e desmame, e das mudanças nos procedimentos hospitalares." Foi o que aconteceu com uma campanha feita no Brasil, que durou 45 dias, mobilizando várias instituições e envolvendo não só os serviços de saúde como também o público. Da campanha de incentivo ao aleitamento materno participaram os grandes jornais, 100 estações de televisão e 600 de rádio. Foi também veiculada a mensagem em contas de eletricidade, extratos bancários e até em volantes da Loteria Esportiva. Ao mesmo tempo,

---

31 Grant, J.P. *Situação mundial da infância — 1984. Brasília,* UNICEF, p. 18.

1 milhão e meio de panfletos sobre amamentação ao seio foram distribuídos nos Centros de Saúde e em 140 grupos femininos.[32] Trata-se de campanhas ingênuas ou com o interesse de desviar a atenção do povo dos graves problemas econômicos que afligem as famílias brasileiras.

É muito importante o aleitamento materno, e acreditamos que se deva divulgá-lo entre as famílias, mas sem imposição. Mais importante é a conscientização das populações pobres e das mulheres sobre suas necessidades mínimas de vida e sobre seus direitos como mães, para poderem amamentar seus filhos. Por outro lado, é preciso que se respeite o direito da mulher de decidir. Seja qual for o método por que ela se decida — alimentar o filho com mamadeira ou ao seio —, ela e a criança deverão ter todos os direitos assegurados, a fim de que a decisão possa ser levada a bom termo.

É evidente que todas essas campanhas visam mais as mulheres das classes pobres. As das classes privilegiadas e cultas só são chamadas a participar na medida em que possam influenciar, como ponto de referência e de imitação, as mulheres pobres e incultas. Mesmo porque os pediatras sabem que a mortalidade infantil entre as crianças das classes ricas é bem baixa, sejam elas amamentadas ao seio ou com mamadeira. Trabalhos recentes vêm mostrando que, se o padrão econômico é bom, o número de infecções entre crianças que se amamentam ao seio e entre as que usam mamadeira é o mesmo. Nesse grupo, o que influi na morbilidade, durante o primeiro ano de vida, é o nível educacional das mães.[33]

Seja como for, os seios, por muito tempo, despertarão um interesse político. Mas é preciso lembrar que eles pertencem às mulheres e que elas não são chamadas a opinar e a decidir na política do aleitamento materno desde o século XVIII. No século XX, os homens continuam cometendo os mesmos erros.

---

32 *Ibid.*, p. 18.

33 Holmes, G.E. *et alii*. "Factors associated with infections among breast-fed babies and babies fed proprietary milk." *Pediatrics*, 72: 300-306, 1983.

7

SOCIOLOGIA DA MORTALIDADE INFANTIL

Dizem que a mortalidade infantil foi um *problema* criado pelos médicos, principalmente pediatras. Entretanto, o chamado coeficiente de mortalidade infantil (número de mortes de crianças menores de um ano em cada mil nascidas vivas, em um mesmo período de tempo, geralmente contado em um ano) tem sido considerado não só por pediatras, mas principalmente por economistas e sociólogos, como importante índice de bem-estar social de determinada população. Um menor coeficiente de mortalidade infantil indica melhor padrão de vida de uma comunidade ou país. Outro índice ou indicador socioeconômico largamente utilizado pelos economistas é a renda *per capita,* cujos valores são convencionalmente dados em dólares americanos. Ambos os indicadores não deixam de sofrer críticas quanto à sua real capacidade de mostrar o padrão de vida de uma população. A renda *per capita* engloba tanto os poucos que possuem rendas vultosas como os muitos que vivem em regime de subsistência; o coeficiente de mortalidade infantil não distingue entre a morte das crianças ricas das pobres. São, portanto, índices "igualitários". Igualam todos os indivíduos, nos dólares e na morte. É interessante notar que, em 1981, a Arábia Saudita, com renda *per capita* de 12.600 dólares — comparável à dos Estados Unidos — tinha um coeficiente de mortalidade infantil de 110 por mil, enquanto o de Cuba, com renda *per capita* de 1.410 dólares, era de 19 por mil, o que colocava esse país entre os 30 de mais baixa mortalidade infantil do mundo.[1]

---

1 Grant, J.P. *Situação mundial da infância — 1984.* Brasília, UNICEF, pp. 40-1.

Quando se diz que o coeficiente de mortalidade infantil nos Estados Unidos, em 1971, era de 19,1 por mil, não se quer dizer que essa mortalidade fosse igual em todas as classes sociais, pois, enquanto entre as crianças "brancas" era de 17,1 por mil, entre as "não-brancas" era de 28,5 por mil.[2]

A designação "não-brancas" esconde, sob forma racial, grande número de crianças das classes desfavorecidas. Quando se diz que o coeficiente de mortalidade infantil está, no Brasil, em torno de 90 por mil, isso não quer dizer que nas famílias privilegiadas se verifique tal mortalidade. Qualquer pediatra que atenda essas famílias sabe que nelas o coeficiente de mortalidade é, provavelmente, menor que o das crianças "brancas" norte-americanas. Isso porque esse coeficiente é global, isto é, inclui as brancas das classes privilegiadas e das não-privilegiadas. A assistência às crianças das classes privilegiadas nas grandes cidades brasileiras fica pouco a dever à dos países industrializados. É preciso lembrar, também, que muitas dessas crianças são levadas para tratamento nas melhores clínicas infantis dos Estados Unidos. Apesar dessas críticas, o coeficiente de mortalidade infantil ainda continua sendo um indicador socioeconômico de valor, pois mostra a prevalência da situação familiar em determinada sociedade. A renda *per capita,* entretanto, está desacreditada como indicador da qualidade de vida de uma população.

Quando se estuda a mortalidade infantil em certos compêndios e nas escolas, geralmente o estudo é feito independentemente da mortalidade geral. Tudo se passa como se houvesse um problema específico de mortalidade para as crianças abaixo de um ano de vida, esquecendo-se de que, nos países subdesenvolvidos, os coeficientes de mortalidade de outras idades são também altos. É a distorção da realidade de miséria de grande parcela da população. Na verdade, a mortalidade infantil é parte integrante da mortalidade geral. Os países que apresentam altos coeficientes de mortalidade infantil têm a vida média, ou expectativa de vida ao nascer, também baixa.

2 Wegman, M.E. "Annual summary of vital statistics — 1975". *Pediatrics,* 58: 793, 1976.

Há várias décadas, a mortalidade infantil vem sendo discutida em toda a América Latina, principalmente entre pediatras, sociólogos e técnicos ligados ao serviço de crianças. O assunto sempre foi analisado pela ótica de diferentes teorias ideológicas, sendo as mais importantes e mais difundidas a médica, ou genética, e a sociológica. A primeira toma por base o princípio de que os seres humanos morrem, não tanto por fatores socioeconômicos, mas, principalmente, por fatores hereditários, que determinam sua incapacidade de sobreviver em determinado ambiente. Existiriam, portanto, indivíduos que já nascem biologicamente destinados a serem bem-sucedidos na sociedade, enquanto outros já nasceriam débeis, incapazes de progredir socialmente e mais sujeitos a uma alta mortalidade. Para estes, seriam necessários, por dever de caridade, mais hospitais infantis, mais postos de puericultura, mais creches, mais pediatras, etc. De acordo com essa teoria, para se resolver o "problema", a solução médica seria fundamental. Mas não faltaram os que pregavam, dentro da ideologia genética, a atitude mais típica do darwinismo social. Assim, em 1946, o professor Giorgio Mortara escrevia, em uma monografia para a Fundação Getúlio Vargas:

> Entre as criaturas que nascem, há sempre uma fração com sua constituição imprópria para a existência; porém onde se deixa atuar livremente, a mortalidade infantil elimina em breve essa fração de incapazes; logo, conseguindo-se diminuir essa mortalidade, somente se assegura a sobrevivência de indivíduos constitucionalmente inferiores. [...] Estes indivíduos constitucionalmente inferiores, a salvo da eliminação na primeira infância, ou não conseguem chegar à idade adulta e neste caso representam para a sociedade uma carga econômica a que não se opõe nenhum benefício — ou chegam a adultos, caso este em que se tornam economicamente prejudiciais à sociedade por seu rendimento escasso ou nulo, ou biologicamente por sua participação na reprodução, através da qual perpetuam suas taras.[3]

O darwinismo social surgiu no século XIX da combinação das doutrinas de Malthus com a da seleção natural de Darwin, aplicada à sociedade. Foi uma das bases científicas do *laissez-faire* e

---

[3] Mortara, G., citado por Ramos, A.G. *Sociologia de la mortalidad infantil*. México, Universidad Nacional, 1955, p. 189.

serviu para justificar o colonialismo e a ascensão das classes dominantes no capitalismo. Os darwinistas sociais forneceram fundamentos biológicos ao racismo, ao nazismo alemão, à superioridade de classe, aos genocídios colonialistas. A razão sempre pode ser distorcida no interesse de grupos, e, por "boas razões" científicas, desencadearam-se guerras de extermínio ou se satisfez a voracidade comercial. "O fato mais revoltante sobre os crimes e desumanidades da Segunda Guerra Mundial foi terem sido inspirados e cometidos em nome de uma grande teoria científica." [4]

O darwinismo social continua, ainda hoje, com outros matizes, a ser usado por várias escolas científicas e servindo de fundamento para diversas atitudes governamentais de países capitalistas que exercem influência em países dependentes.

A segunda forma ideológica de encarar a mortalidade infantil é a sociológica. Já na década de 1940, apareciam trabalhos focalizando os aspectos socioeconômicos da questão.[5] A alta mortalidade das crianças de baixa idade, vista desse ângulo, não poderia ser resolvida com uma "assistência direta" às crianças, isto é, com a construção de mais hospitais infantis, mais postos de puericultura, mais creches, etc. A solução estava em melhorar o padrão de vida das populações, com a construção de estradas, a melhoria do saneamento básico e a industrialização. A essa atitude se deu o nome de "assistência indireta" à infância. As águas dividiram-se e os pediatras e técnicos governamentais formaram duas facções: os favoráveis à "assistência direta" e os que defendiam a "assistência indireta".

Outros trabalhos, além de mostrarem as relações entre a alta mortalidade infantil e a precária situação socioeconômica da população (baixos salários, profissões mal-remuneradas, número de aposentos ocupados pelas famílias, desenvolvimento do país — por exemplo, quilômetros de estradas pavimentadas —, número de habitantes por automóvel, número de telefones, etc.), também enfatizavam como fatores causais indiretos da mortalidade das crianças abaixo de um ano os geográficos, étnicos e climáticos.[6]

---

4 Levis, J. *O homem e a evolução.* Rio, Paz e Terra, 1968, p. 91.

5 Alcântara, P. *Causas e remédios sociais da mortalidade infantil.* São Paulo, 1945 (a primeira edição é de 1935).

6 Gesteira, M. *Puericultura, op. cit.*

Estes últimos fatores já foram amplamente discutidos no capítulo "Pediatria, puericultura e ideologia".

Foi com o sociólogo brasileiro Alberto Guerreiro Ramos que a ideologia sociológica da mortalidade infantil alcançou, na América Latina, sua mais alta expressão. Uma das razões por que as idéias desse autor tiveram grande penetração nos meios pediátricos latino-americanos reside no fato de seu livro *Sociología de la mortalidad infantil* ter sido editado em espanhol, no México.[7] Esse livro foi publicado meses antes da fundação do ISEB — Instituto Superior de Estudos Brasileiros, do qual o autor foi um dos fundadores, responsável pelo Departamento de Sociologia. O ISEB foi criado por decreto federal em julho de 1955 e extinto em abril de 1964 pelo movimento militar desse mesmo ano. Guerreiro Ramos desligou-se da instituição em 1958. A crítica da fase isebiana do autor, assim como das ideologias dos componentes da instituição, foi realizada por Caio Navarro de Toledo em excelente livro com título sugestivo: *ISEB: fábrica de ideologias.*[8]

Quanto à *Sociología de la mortalidad infantil,* logo na "Advertência" o autor mostra que pretende ter contribuído, com a obra, para a formulação de uma "teoria sociológica da saúde das massas, matéria que até esta data tem sido estudada quase exclusivamente sob o ponto de vista médico". A intenção é transcender ao título do livro. Mais adiante, continua: "Este livro tende a demonstrar que a saúde das massas nos países subdesenvolvidos jamais resultará da distribuição de recursos da assistência médica, senão pelo contrário, resultará decisivamente da planificação democrática do emprego dos recursos econômicos e culturais, dentro das possibilidades de cada país." Aqui, o autor se coloca claramente contra aqueles que defendem a prioridade da assistência direta. Essa tônica está presente em todo o livro, o

[7] Ramos, A.G. *Sociología de la mortalidad infantil.* México, Universidad Nacional, 1955. Salvo engano, parece que esse livro não foi editado no Brasil. O autor foi professor de sociologia e economia no então Departamento Nacional da Criança; e faz a advertência, no início da obra de que parte dos assuntos tratados foi divulgada no Brasil em compêndios mimeografados, folhetos e em outro trabalho seu: *Sociologia da receita familiar.*

[8] Toledo, C.N. ISEB: *fábrica de ideologias.* São Paulo Ática, 1977.

qual critica a política administrativa dos governos, que sempre adotaram a assistência direta nas soluções dos problemas de saúde das massas e, principalmente, das crianças.

Na metodologia, o autor utiliza alguns "instrumentos conceituais", tais como: estrutura, fase, área e classes sociais, todos tomados de vários autores. "O conceito de estrutura nas ciências sociais" — diz o autor — "emerge, principalmente, dos estudos de Karl Marx." E continua: "[. . .] cada estrutura social engendra sua demografia, suas leis de população. Por exemplo, segundo Marx, a sociedade capitalista conduz necessariamente à superpopulação. Esta, a contribuição fundamental de Marx, liberada de seu messianismo político, é necessário incorporá-la à metodologia que tratamos de expor." [9] Das estruturas econômico-sociais vai à percepção de outro conceito importante que introduzirá na metodologia: o de fase. É assim que diz o autor: "A consideração do dinamismo das estruturas sociais nos introduz na percepção de outro conceito importante: o de *fase*. As estruturas econômicas e sociais se desenvolvem segundo suas leis em uma sucessão de fases através das quais realizam suas possibilidades." [10] Na mesma página, mais adiante, Ramos continua: "Dentro de cada fase do processo evolutivo das estruturas econômicas e sociais, os fenômenos demográficos se comportam diferencialmente. Por exemplo, dentro da sociedade de estrutura capitalista o quadro nosológico das populações varia radicalmente, conforme a fase. Nos países capitalistas que se encontram em fase de subdesenvolvimento predominam, no quadro nosológico, as mortes causadas por tuberculose e outras doenças do aparelho respiratório, endemias, sendo nelas relativamente baixa a duração média de vida. Nos países plenamente desenvolvidos predominam como causa de morte as doenças do coração, o câncer e outros tumores malignos, a nefrite, os acidentes, sendo neles relativamente alta a duração da vida média. Estas diferenças do quadro nosológico conforme a fase do desenvolvimento econômico-social podem registrar-se no mesmo país; por exemplo, comparem-se para este efeito as capitais dos países latino-americanos com as cidades do interior."

9 Ramos, A.G., *op. cit.*, p. 13.
10 *Ibid.*, p. 14.

Assim, o autor, "para efeito de uma compreensão estrutural da mortalidade infantil", classifica os "países atuais" em várias categorias ou fases de desenvolvimento; 1) países altamente industrializados, de grande população operária, com alto nível de vida e baixo coeficiente de mortalidade infantil; 2) países de volumosa classe média, cuja mortalidade infantil é também baixa; 3) países industriais-agrários, de população operária com alto nível de vida e numerosa classe média, em que o coeficiente de mortalidade infantil varia de baixo a médio; 4) países principalmente agrícolas e onde há pobreza, com alto coeficiente de mortalidade infantil.[11] Dentro dessa idéia, diz o autor que "a mortalidade infantil, por exemplo, só poderá reduzir-se em determinado país, na medida em que sua estrutura econômica se transforme faseologicamente".[12] Através de um exemplo, como o de Porto Rico, mostra que a mortalidade infantil, reduzida por meio exclusivamente de serviços médicos, sem modificação faseológica da estrutura econômica, pode levar a sociedade ao caráter de uma verdadeira destruição. Os Estados Unidos, mediante um programa de intensa assistência médica à infância, em que se distribuíam recursos assistenciais até através de pára-quedas, fizeram com que a mortalidade infantil se reduzisse de modo significativo. Em 1947, Porto Rico apresentava um coeficiente de mortalidade infantil de 72, o que era bem reduzido para a época. Mas essa redução foi obtida à custa do agravamento de outros índices demográficos de pobreza e de desemprego.[13]

Ainda com a idéia de *fases* do capitalismo, Ramos fala do problema brasileiro: "As profundas desigualdades do poder aquisitivo no Brasil não parecem passageiras; ao contrário, apresentam todos os indícios de que se têm mantido e se manterão estáveis durante muito tempo. As razões deste fato são muito poderosas e a principal delas consiste em que o capitalismo brasileiro se encontra em sua fase incipiente." De forma quase profética, o autor continua: "É ingênuo pensar em uma distribuição mais avançada.

---

11 *Ibid.*, p. 72.
12 *Ibid.*, p. 76.
13 *Ibid.*, p. 77.

Por muito tempo o desenvolvimento do país terá de obter-se às custas do pauperismo ou salários de fome." [14]

A classificação do autor em fases de desenvolvimento por que passam os países capitalistas faz supor que os países industrializados atualmente foram, no passado, subdesenvolvidos da mesma forma que os atuais. Por outro lado, faz supor, também, que só os países desenvolvidos têm uma história anterior, enquanto os subdesenvolvidos são desprovidos de um passado. A história desmente tal fato, como é o caso da Índia, por exemplo, que teve uma história de séculos e séculos completamente diversa dessas fases. Outro fato importante é que a história dos países subdesenvolvidos sempre foi ligada intimamente, por vários séculos, à dos países industrializados. Foi o colonialismo, no decorrer dos séculos, que implantou a estrutura sociopolítico-econômica que existe nesses países atualmente. Essa estrutura é mantida e até desenvolvida, de modo que se pode dizer, como André Gunder Frank, tratar-se do "desenvolvimento do subdesenvolvimento".[15] Neste século, nenhum país atualmente desenvolvido conseguiu sair do subdesenvolvimento por via capitalista. Continuam sempre na "fase" de pobreza. É assim toda a América Latina, onde o subdesenvolvimento é relativamente maior do que nas décadas passadas. A história dos países industrializados não se repete nos países subdesenvolvidos. De quando em vez, essas teorias que procuram explicar o desenvolvimento das nações por "fases" ou em "etapas" aparecem em trabalhos de sociólogos ou economistas dos países industrializados e ganham grande repercussão nos meios oficiais e acadêmicos dos países pobres. Uma delas, que teve grande aceitação entre as classes dominantes da América Latina, principalmente no Brasil, foi a de W. W. Rostow, professor de história econômica do Instituto de Tecnologia de Massachusetts, cujo livro teve significativo número de edições entre nós.[16] Todas estas teorias têm consistência duvidosa e sofrem as mesmas críticas expostas anteriormente.

---

14 *Ibid.*, p. 200.

15 Frank, A.G. *Sociología del desarrollo y subdesarrollo de la sociología. El desarrollo del subdesarrollo.* Barcelona, Anagrama 1969.

16 Rostow, W.W. *Etapas do desenvolvimento econômico.* Rio, Zahar, 1961 (6.ª ed., 1979).

Quanto às classes sociais, Guerreiro Ramos aborda o assunto, dando ênfase aos aspectos psicológicos. É de maneira ideológica que, nesse aspecto, tira a seguinte conclusão: "A alta sensibilidade moral das classes superiores se faz mais patente nos extremados cuidados que têm ordinariamente com respeito à infância. A morte de um menino de família pertencente às classes superiores deixa os pais desesperados, tanto mais quanto maior seja o laicismo deles. Os pobres, pelo contrário, minorizam a dor moral da perda de seus filhos atribuindo-o à Providência." [17] Mas o autor não deixa de abordar a relação da alta mortalidade infantil com as classes sociais e, para tanto, apresenta tabelas que comprovam que os altos coeficientes de mortalidade das crianças pequenas estão sempre ligados às "classes de baixo poder aquisitivo".

É na segunda parte do livro, com o título "Uma interpretação sociológica do problema brasileiro da mortalidade infantil", que o autor empresta maior riqueza às suas idéias. Começa por criticar a administração federal por sua conduta ante os problemas higiênicos do país e por utilizar uma ideologia médica ou "eugenésica" com respeito à mortalidade infantil. "Segundo esta teoria, haveria em toda a sociedade indivíduos pertencentes a dois tipos biológicos diferenciados: o dos que são possuidores de uma boa capacidade hereditária e o dos débeis e fracos entre os quais a morte faz preferentemente sua colheita. Assim, o problema resultaria de uma diferença biológica qualitativa entre os membros da sociedade. Em conseqüência, já por dever filantrópico, já para resolvê-lo de maneira efetiva por processos eugenésicos, seriam necessários serviços de diversas naturezas: puericultura, aleitamento, hospital infantil e outros. A solução é médica." [18] Essa crítica à ideologia médica e, portanto, à "assistência direta" à infância, ajudou a modificar a mentalidade dos pediatras brasileiros, como também dos latino-americanos, para a concepção social dos problemas médicos.

A tese central do livro é que "a alta mortalidade infantil é fenômeno condicionado pela estrutura econômica e social do país" e que "toda medida que tenda a diminuir nossa alta mortalidade,

---

17 *Ibid.*, p. 98.
18 *Ibid.*, p. 188.

porém que não contribua à desconcentração do poder aquisitivo e à universalização da cultura social e que, em suma, não contribua para a transformação estrutural da economia e da organização social, é supérflua e carente de eficácia real".[19] Daí, nossa alta mortalidade ser um fenômeno perfeitamente normal e inevitável nas atuais condições de vida do país. O diagnóstico é perfeito, mas se torna um desastre quando o autor tenta explicar o fenômeno utilizando a teoria do "ajustamento ecológico" de Kadhakamal Mukerjee, em que a mortalidade infantil é uma espécie de mecanismo regulador por meio do qual a população equilibra seus recursos com suas necessidades. Permanecendo iguais tais recursos, a diminuição da mortalidade infantil equivaleria a uma ameaça para a subsistência dessa população. As provas dessa teoria são tiradas de experiências com plantas e animais. É interessante que o autor aceite essa teoria, mesmo sabendo que as plantas e os animais não se dividem em classes sociais.

Para solucionar o problema da alta taxa de mortalidade infantil, o autor faz algumas propostas que desembocam sempre nas idéias político-econômicas do "desenvolvimentismo". Aliás, como vimos anteriormente, Guerreiro Ramos pertenceu ao grupo de intelectuais que fundou o ISEB, em 1955 — ano da publicação do livro.

Os componentes do grupo isebiano, apesar de suas diferentes idéias e vinculações políticas, defendiam um mesmo projeto, em torno do qual se uniam: o nacional-desenvolvimentismo. Maria Sylvia de Carvalho Franco, ao fazer a apresentação do livro *ISEB: fábrica de ideologias,*[20] diz que, "a despeito das diferenças observáveis nas várias correntes de pensamento visíveis no interior do ISEB, se reconhece claramente o fio condutor de uma ideologia de classe, que propõe uma teoria de estrutura social colada aos interesses dos grupos dominantes dos quais esses intelectuais foram porta-vozes".

Guerreiro Ramos sempre se colocou contra o regime de *laissez-faire* e defendia a planificação na administração pública, para que os técnicos pudessem planejar cuidadosamente todas as prio-

---

19 *Ibid.*, pp. 213-4.

20 Toledo, C. N. ISEB: *fábrica de ideologias, op. cit.*, p. 13.

ridades governamentais. O Brasil não tinha base econômica, afirmava ele, para suportar gastos com medidas de assistência médico-sanitária, mas ressalvava não estar sugerindo com isso a supressão dessas medidas.[21] Continuava dizendo que, à luz das idéias de planificação, os serviços de proteção à infância, de administração tanto direta como indireta, determinam uma impressionante dilapidação dos recursos, pois desviam uma parte apreciável da renda nacional para custear medidas que em quase nada alteram as causas da mortalidade infantil. Portanto, é necessário examinar esse mecanismo à luz da idéia da planificação.[22]

É o Estado que, de modo geral, irá surgir como elemento planejador e racionalizador, para evitar a má aplicação dos recursos públicos. Mais adiante, Guerreiro Ramos diz: "O verdadeiro problema é, por conseguinte, o da organização da máquina governamental. É necessário submeter a máquina inteira a uma crítica sociológica, trabalho que, naturalmente, exigirá os esforços conjugados de muitos especialistas." [23]

Sendo a mortalidade infantil em nosso país um fenômeno econômico e social, não admite, senão em segundo plano, uma solução médica. A solução de fato está na "realização de políticas econômicas e sociais que promovam, sem sacrifício do processo de capitalização, a melhoria real das condições de vida das populações brasileiras".[24]

Essa proposta de reduzir a mortalidade infantil e melhorar as condições de vida das populações pelo desenvolvimento do país, "sem sacrifício do processo de capitalização", aprimorada pelos intelectuais do ISEB, forneceu um projeto político de desenvolvimento que serviu de argamassa à sociedade civil brasileira e forneceu ao Estado base de legitimação. O nacional-desenvolvimentismo criou uma situação extremamente favorável para a acumulação de capital, e muitos pensavam que acelerar a industrialização e expandir o capitalismo seria a solução para se acabar com

[21] Ramos, A.G. *Sociología de la mortalidad infantil, op. cit.*, p. 239.
[22] *Ibid.*, pp. 238-9.
[23] *Ibid.*, p. 248.
[24] *Ibid.*, p. 249.

a dependência econômica. Aconteceu que a aplicação do nacional-desenvolvimentismo, desde a década de 1950, não resultou na melhoria de vida para o grosso da população, nem na elevação do salário real, e também não acabou com a dependência externa; pelo contrário, resultou em ampla penetração do capital estrangeiro, que passou a dominar e ditar as regras da acumulação brasileira.

O nacional-desenvolvimentismo não foi posto em prática só nos governos da década de 50 (Vargas, 1951 a 1954, e Kubitschek, 1956 a 1961). Ele teve seu coroamento no modelo do "milagre" brasileiro (1968 a 1973). Durante esse período, enquanto o Produto Interno Bruto (PIB) atingia índices elevados, caía o salário real e aumentavam, em várias regiões do país, as taxas de mortalidade infantil, como se pode ver no Quadro 1 e nos gráficos 1, 2 e 3.

O salário mínimo real tornou-se tão baixo que grande parte da classe trabalhadora entrou em situação de extrema pobreza. Todos os membros das famílias passaram a trabalhar, com o fim de atenuar a grave situação doméstica, o que determinou grande número de crianças abandonadas e um aumento da força de trabalho infantil, como mostra o Quadro 2.

Nenhum dos modelos desenvolvimentistas usados até hoje por vários governos conseguiu melhorar de maneira efetiva o nível de vida da maior parte do povo, nem, portanto, reduzir a mortalidade infantil por essa via. As reduções das taxas de mortalidade infantil nestes últimos anos devem ter ocorrido por conta de uma assistência oficial direta, com a vacinação em massa, o uso de soluções salinas para combater a desidratação infantil e a distribuição de alimentos aos mais necessitados. O que se tem feito é tapar os buracos das necessidades infantis mais prementes, em várias regiões do país. Com isso, a assistência à infância continuou sendo uma arte do remendo.

Como se viu anteriormente, a mortalidade infantil faz parte da mortalidade geral das populações. Não deve ser estudada separadamente. Na verdade, a mortalidade geral está em relação inversa com o crescimento das forças produtivas, mas advém, em grande parte, do "consumo" da força de trabalho. Em última análise, as taxas de mortalidade dependem "dos níveis de exploração da força de trabalho, da intensidade da exploração, da

Quadro 1
Brasil: Óbitos de Menores de um Ano
(S. Paulo, Belo Horizonte e Recife), Evolução do
Índice do Salário Mínimo Real e Taxa de Crescimento do PIB

Ano	*Óbitos de menores de um ano* (Taxa por mil nascidos vivos)			*Evolução do índice do salário mínimo real* (*)	*Taxa de crescimento do PIB (%)*
	S. Paulo	*Belo Horizonte*	*Recife*		
1950	89,7	103,8	230,4	—	7,1
1951	91,5	—	—	—	4,3
1952	71,0	—	—	73	7,1
1953	79,2	—	—	64	5,8
1954	79,7	—	—	50	6,5
1955	86,5	101,3	204,1	83	10,3
1956	86,4	104,6	213,6	69	2,1
1957	75,5	92.1	209,6	98	8,1
1958	70,2	95,8	276,1	86	10,6
1959	65,4	96,1	230,1	100	9,7
1960	62,9	74,2	151,7	77	10,3
1961	60,2	86,4	179,4	90	7,7
1962	64,4	76,7	166,1	83	6,6
1963	69,9	99,8	147,2	76	1,1
1964	67,7	86,3	125,6	79	2,6
1965	69,4	92,3	148,8	80	2,1
1966	73,8	87,2	149,4	73	5,4
1967	74,4	98.3	142,4	71	4,7
1968	75,1	102,3	153,9	71	11,0
1969	83,8	107,3	165,3	71	.10,2
1970	—	107,7	205,7	72	8,3
1971	—	102,0	199,6	73	12,0
1972	—	105,3	178,4	68	11,1
1973	—	124,8	229,0	76	13,6
1974	—	96,0	256,4	77	9,7
1975	—	115,6	—	78	5,4
1976	85,8	95,6	156,8	79	9,7
1977	73.7	92,9	146,9	75	5,7
1978	72,6	86,0	130,2	68	5,0
1979	64,4	80,5	116,4	67	6,4
1980	56,1	69,5	117,5	67	7,2
1981	—	—	—	—	—1,6
1982	—	—	—	—	0,9
1983	—	—	—	—	—3.2

Fontes: Óbitos de Menores de 1 ano — Fundação IBGE. *Anuário Estatístico do Brasil* (vários números); Taxa de Crescimento do PIB — FGV / IBRE / DCS / Centro de Contas Nacionais; Salário Mínimo — Fundação IBGE. *Anuário Estatístico do Brasil* (vários números).
* Salário mínimo real — corrigido pelo IGP-D1 — coluna 2 (*Conjuntura Econômica*, FGV).

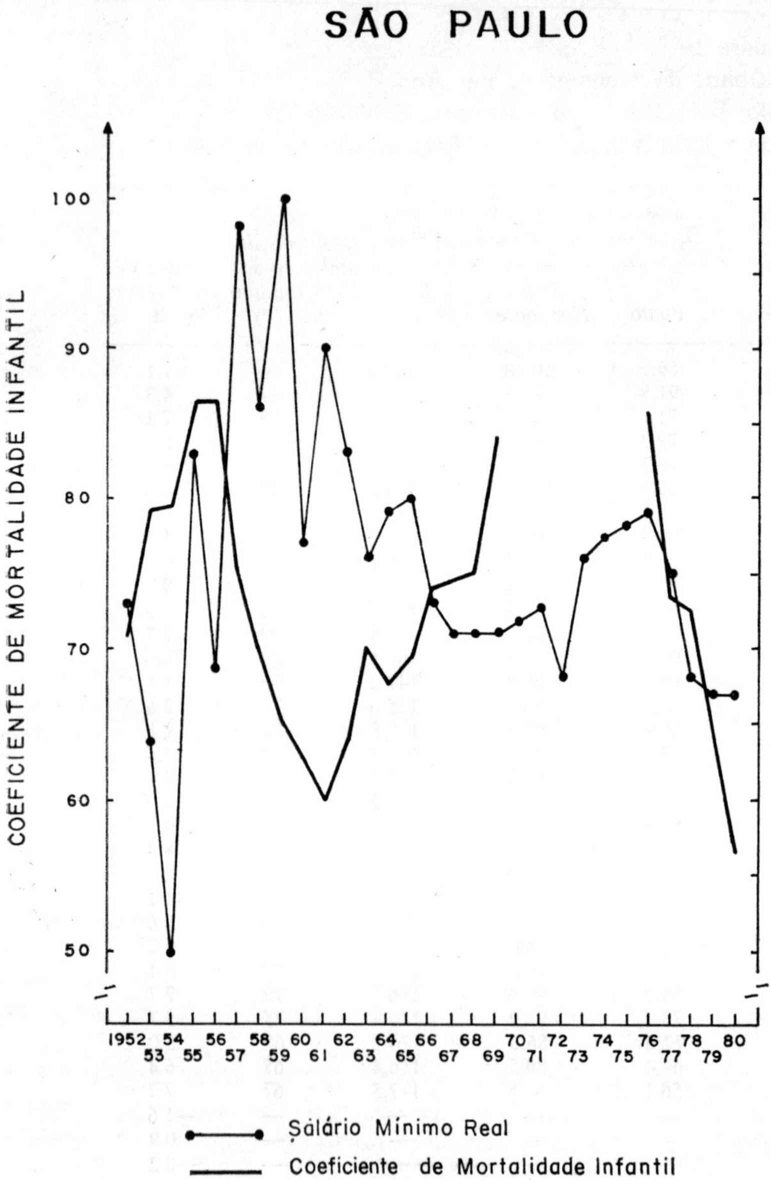

GRÁFICO 1

São Paulo (1952-1980)
Coeficientes de Mortalidade Infantil
e Salário Mínimo Real

BELO HORIZONTE

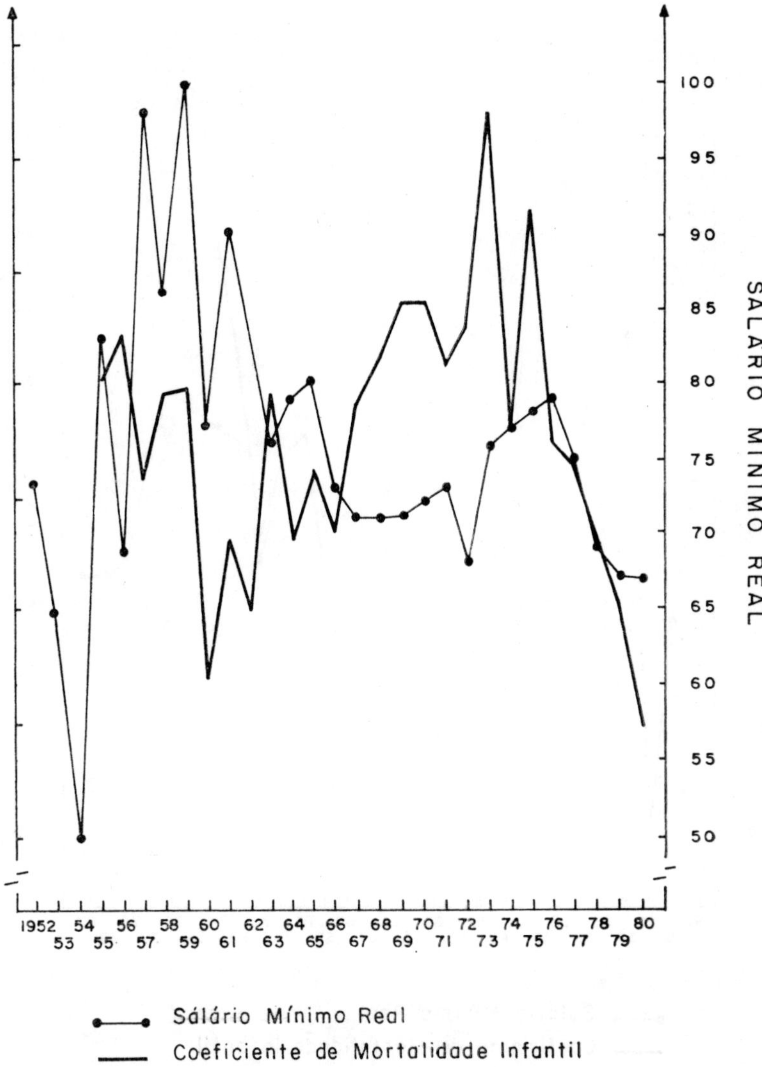

GRÁFICO 2
Belo Horizonte (1952-1980)
Coeficientes de Mortalidade Infantil
e Salário Mínimo Real

RECIFE

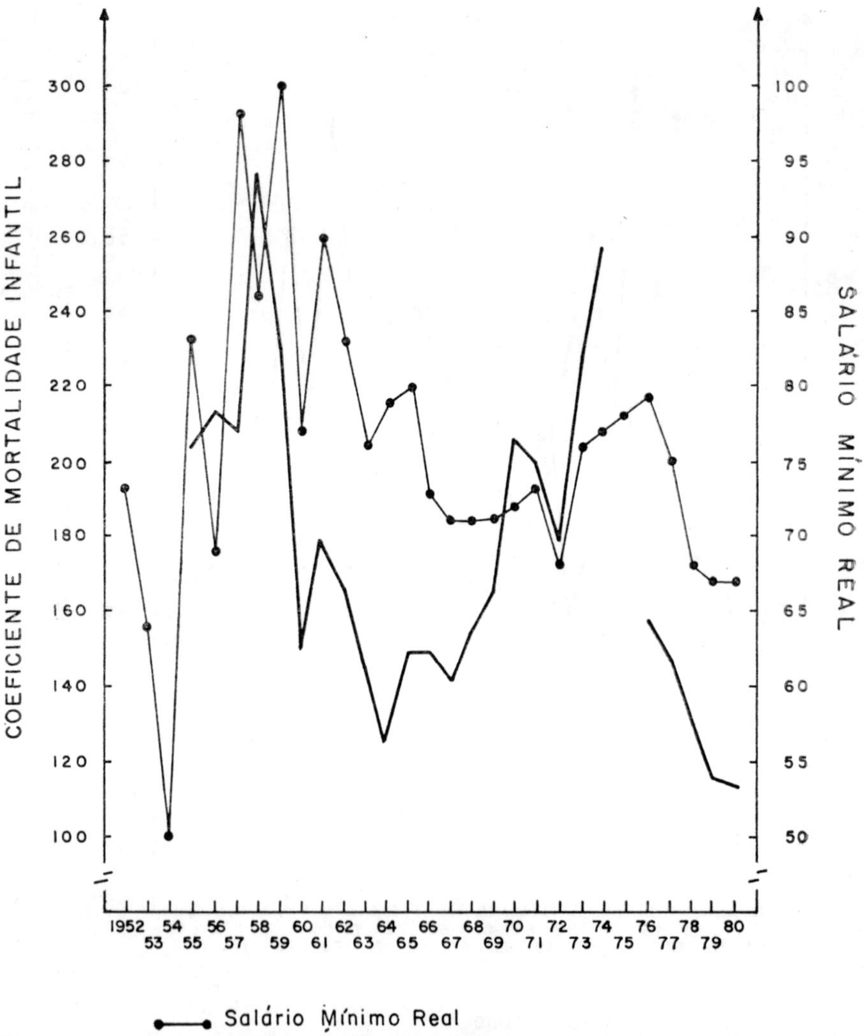

GRÁFICO 3
Recife (1952-1980)
Coeficientes de Mortalidade Infantil
e Salário Mínimo Real

Quadro 2
Brasil e Estado do Rio de Janeiro — Trabalho Infantil — 1976 (10 a 14 Anos de Idade)

Brasil

Horas por semana	*Urbano*	*Rural*	*N.º total de crianças*	*%*
Até 29 horas	73.620	277.804	351.424	14
30 a 39 horas	80.756	381.704	462.460	18
mais de 40 horas	542.641	1.171.631	1.714.272	68
sem declaração	425	4.541	4.966	0
Total	697.442	1.835.680	2.533.122	100

Estado do Rio de Janeiro

Horas por semana	*Urbano*	*Rural*	*N.º total de crianças*	*%*
Até 29 horas	3.506	820	4.326	8
30 a 39 horas	2.824	1.690	4.514	9
mais de 40 horas	25.578	17.045	42.623	82
sem declaração	—	420	420	1
Total	31.908	19.975	51.883	100

Fonte: Pesquisa Nacional por Amostras de Domicílio, 1976, Fundação IBGE.

brutalidade da exploração".[25] Quando se reduz o salário mínimo real, torna-se evidente a exploração da força de trabalho. E a força de trabalho é um esforço físico; portanto, é consumida. Quando o trabalhador é explorado, seus filhos e dependentes também sofrem as conseqüências.

Por não haver *consumo* de força de trabalho na burguesia, a mortalidade nessa classe ocorre, geralmente, de modo inverso

25 Oliveira, F. *A economia da dependência imperfeita.* Rio, Graal, 1977, p. 140.

ao das classes trabalhadoras. Donde se conclui que, se a mortalidade das classes trabalhadoras é função direta do consumo de sua força de trabalho, a mortalidade das classes burguesas é função inversa da primeira, função da exploração, isto é, da apropriação da maior parte da renda. É o próprio Francisco de Oliveira que conclui: "Até historicamente pode-se comprovar que a longevidade tem sido um atributo das classes dominantes em todas as latitudes." [26]

Esperamos que a discussão relacionada com o livro de Guerreiro Ramos, 30 anos depois de sua publicação, ainda possa ser útil às novas gerações para compreenderem as lutas do passado em torno de um problema que continua, atualmente, mais vivo que nunca.

A "REVOLUÇÃO" DO UNICEF

O relatório sobre a *Situação mundial da infância — 1984,* redigido pelo diretor executivo do Fundo das Nações Unidas para a Infância (UNICEF),[27] inicia-se com as seguintes palavras: "Durante os últimos doze meses, vem-se avolumando o apoio mundial à idéia de uma revolução para poupar a vida de sete milhões de crianças anualmente, proteger a saúde e o crescimento de outros milhões e contribuir para desacelerar o crescimento demográfico mundial." Essa "revolução em prol da criança" tem como base a aplicação de progressos nas ciências biológicas, consideradas aquisições recentes pelo relatório. Acresce que esses progressos podem ser alcançados a custo relativamente baixo e em curto espaço de tempo, a despeito da recessão econômica. O ponto básico da "revolução" é a redução da mortalidade infantil nos países subdesenvolvidos.

São quatro as técnicas propostas pelo UNICEF que, aplicadas às populações carentes, possibilitariam essa "revolução": a terapia

---

26 *Ibid.,* p. 141.

27 Grant, J. P. *Situação mundial da infância — 1984.* Brasília, UNICEF, 1984.

de reidratação oral, o uso de gráficos de crescimento, a imunização em larga escala e o aleitamento materno.

A terapia da reidratação oral é um método para a prevenção e correção da desidratação aguda causada por infecções diarréicas, as quais determinam cerca de 5 milhões de óbitos em crianças pequenas, anualmente, no mundo, o que faz dela a principal causa da mortalidade infantil em nossos dias. O método consiste em se ministrar à criança, por via oral, uma solução aquosa de sais e glicose, logo que a diarréia comece. Essa mistura salina com glicose é distribuída em embalagens nos postos médicos, com as proporções certas, e pronta para ser dissolvida em determinada quantidade de água fervida. O próprio UNICEF já está produzindo, anualmente, 20 milhões de embalagens para 87 países.[28]

O relatório cita grande número de países subdesenvolvidos onde se fez a observação do método de terapia de reidratação oral, com redução de 50% a 60% na mortalidade infantil e de crianças abaixo de cinco anos. Essas observações foram feitas em pequenas cidades ou regiões limitadas desses países.

O uso de gráficos de crescimento pelas mães serve para mostrar-lhes se os filhos estão crescendo normalmente ou não. A pesagem mensal regular, com a anotação no gráfico, proporciona informação importante. O valor desses gráficos reside em terem poder educativo para as mães. O UNICEF informa que o custo unitário do gráfico é de 10 centavos de dólar e que, a despeito de toda a sua utilidade, não se pode pretender que possa "proteger" o crescimento infantil nas casas de desempregados e dos destituídos de terra, onde a falta total de alimentos facilmente fará ruir qualquer intervenção que não inclua o próprio alimento".[29]

O terceiro método é a imunização em larga escala contra as principais doenças contagiosas da infância — difteria, tétano, coqueluche, sarampo, poliomielite e tuberculose —, que evitaria, a cada seis segundos, a morte de uma criança e a incapacitação de outra. O UNICEF calcula o custo da vacinação contra as seis doenças em cinco dólares por criança; portanto, o gasto com a imunização de 100 milhões de crianças que nascem anualmente, no

---

28 *Ibid.*, p. 21.
29 *Ibid.*, p. 16.

mundo subdesenvolvido, seria de aproximadamente 500 milhões de dólares — o equivalente ao custo de 10 aviões de caça. Por outro lado, o órgão reconhece a dificuldade de um plano de vacinação em larga escala. Essas vacinas devem ser ministradas em épocas diferentes da vida, e necessitam ser mantidas sob refrigeração desde o dia da fabricação até aquele em que são consumidas. Mas as dificuldades não param aí: há, também, a precariedade dos transportes e comunicações, o analfabetismo, as distâncias entre as populações, a ausência de eletricidade, a carência de combustível e, ainda, a falta de mão-de-obra qualificada. Por outro lado, é preciso vencer a resistência dos pais em vacinarem seus filhos e, portanto, é fundamental a educação *deles*. Com essas dificuldades, menos de 20% das crianças nascidas em 1984, nos países subdesenvolvidos, serão protegidas com a imunização contra as seis doenças.

A quarta técnica proposta pelo UNICEF, com o fim de levar a efeito a proposta "revolução", é o aleitamento materno. Esse assunto já foi amplamente discutido no capítulo "Seio de mãe a transbordar... política".

O UNICEF faz veemente apelo ao mundo no sentido de que se deflagre a revolução em prol da criança e acredita que, em breve, os avanços da ciência e da organização social contribuirão para salvar metade das 40 mil crianças menores de cinco anos que morrem diariamente.[30] O relatório procura explicar o paradoxo de que a redução, pela metade, do número de mortes infantis levaria a uma queda nas taxas de natalidade e à estabilização da população mundial em data anterior à prevista e em nível mais baixo. O UNICEF procura explicar que esse fenômeno paradoxal ocorre por três razões diferentes. Em primeiro lugar, a sobrevivência da criança está relacionada, geralmente, com o aleitamento materno. Sabendo-se que a amamentação materna, liberando a prolactina no organismo da mãe, irá provocar um retardo na ovulação, conclui-se que ela funcionará, em conseqüência, como um anticonceptivo natural. O relatório cita, como exemplo, o caso de Kerala, onde a morte de uma criança, durante o primeiro

---

30 *Ibid.*, p. 4.

mês de vida, reduz o intervalo médio entre as gestações de três para menos de dois anos.

A segunda razão é que a maior sobrevivência das crianças significa que os pais podem, com mais confiança, ter apenas o número de filhos que realmente desejam, em vez de procriarem só para compensar os filhos que provavelmente virão a morrer.

O terceiro mecanismo considerado pelo relatório é que o fato de os casais decidirem ou não planejar o número ou o espaçamento de seus filhos está intimamente relacionado ao seu sentido de controle sobre suas próprias vidas e circunstâncias. Assim, a desnutrição, o analfabetismo, as doenças e a opressão podem reduzir a capacidade de controle das pessoas sobre suas próprias vidas, sobre as circunstâncias que as envolvem e sobre o planejamento do número de seus filhos. Não se pode esperar que pessoas sem condições de controlar ou planejar outros aspectos de suas vidas comecem a planejar suas famílias. "Por outro lado, se os progressos nas áreas da saúde e da educação, no grau de participação política e econômica, fomentarem uma maior sensação de comando sobre o destino de cada um — sensação de poder tomar decisões, alterar circunstâncias e melhorar vidas — então a idéia do planejamento familiar provavelmente será bem aceita, como mais uma oportunidade de assumir o controle sobre seu próprio destino." [31]

Como se viu páginas atrás, nas décadas de 1940 e 1950 houve, em torno da luta contra a mortalidade infantil, muita discussão envolvendo duas correntes ideológicas: a ideologia médica e a sociológica. A primeira defendia que a mortalidade infantil dependia da qualidade genética de alguns seres humanos que já nasciam fracos e incapazes para a luta pela vida e, portanto, a única maneira de combater a morte de grande número de crianças pequenas era preparar mais médicos especializados, construir mais hospitais infantis e mais postos de puericultura — enfim, proporcionar uma *assistência direta* à infância necessitada. A outra ideologia, a sociológica, defendia a tese de que a alta mortalidade

---

31 *Ibid.*, p. 33.

infantil era determinada pelos problemas socioeconômicos, demonstrando claramente que os índices elevados de mortalidade infantil eram determinados pela pobreza e miséria de grande parte das populações nos países subdesenvolvidos. Nesse caso, de nada adiantaria a assistência direta a crianças cujos pais continuariam pobres e com péssima qualidade de vida e, portanto, incapazes de impedir que seus filhos ficassem novamente doentes e viessem a morrer mais tarde. O que adiantaria era melhorar as condições econômicas, sanitárias e educacionais das populações, e, de *modo indireto,* haveria uma redução da mortalidade infantil, a exemplo dos países industrializados e das classes privilegiadas. Essa era a ideologia sociológica, em favor, portanto, da *assistência indireta* à infância. Em defesa dessas ideologias, foram escritos livros e artigos em revistas médicas e de sociologia, foram gastas muitas horas em discussões nos congressos de pediatria, mas o que acabou por predominar no meio pediátrico foi a ideologia sociológica. Os governos, porém, continuaram a se preocupar mais com a assistência direta à infância.

O UNICEF, ao desencadear no mundo subdesenvolvido a "revolução em prol da infância", com base nas quatro técnicas de assistência direta às crianças, para reduzir a mortalidade infantil, está retomando a política da ideologia médica, tão discutida e combatida nas décadas de 40 e 50. Todas as quatro técnicas preconizadas pelo UNICEF — terapia de hidratação oral, gráfico de crescimento, imunização em grande escala e aleitamento materno — são, de fato, de assistência direta às crianças. O UNICEF vai mais longe, pois acredita que essas técnicas podem proteger o crescimento físico e mental das crianças, determinando, em conseqüência, a causa do desenvolvimento econômico, como diz o seguinte trecho do relatório:

> Desta forma, a maneira mais fácil de dimensionar uma revolução na sobrevivência e no desenvolvimento infantis seria através das taxas descendentes de mortalidade de recém-nascidos e crianças. No passado, a experiência mostrou que quaisquer melhoramentos significativos que ocorressem na vida infantil e as conseqüentes reduções obtidas na TMI (taxa de mortalidade infantil) dependiam, principalmente, de um maior desenvolvimento econômico. O UNICEF não endossa tal ponto de vista. Embora se reconheça a grande importância da contribuição prestada pelo crescimento econômico às vidas infantis, também se é de opinião que já existem meios disponíveis

para proteger o crescimento físico e mental das crianças, transformando-o em conseqüência e causa do desenvolvimento econômico.[32]

É interessante que certos pontos e argumentos do documento se mostrem contraditórios, como, por exemplo, ao relatar que em 1980 a Assembléia Geral das Nações Unidas adotou a meta de reduzir as taxas de mortalidade infantil em todas as nações do mundo a 50, ou menos, por mil, até o ano 2000. Sabe-se muito bem, agora, que a redução da mortalidade infantil — que vinha ocorrendo mesmo nos países subdesenvolvidos — sofreu uma parada, e a "meta não será atingida, a menos que se acelere notavelmente o ritmo do progresso". Em cerca de 70 nações, as taxas continuarão elevadas no fim do século — muito acima dos 50 por mil. E nelas nascem três em cada cinco crianças que vêm ao mundo.

Nesse ponto, o relatório pergunta: "O que saiu errado? Por que o progresso na saúde infantil foi freado? Por que as taxas de mortalidade infantil não continuaram a cair no mundo em desenvolvimento, como ocorreu no mundo industrializado?"[33]

A explicação fornecida foi que a diferença entre os padrões de redução da mortalidade infantil revela distintos equilíbrios das forças em ação nesses dois mundos tão diversos. O que ocorre é que, no mundo industrializado, a força dominante era o progresso econômico-social, com os serviços médicos desempenhando apenas papel de apoio. Já na maior parte do mundo subdesenvolvido, "esse padrão foi virado de cabeça para baixo", isto é, as taxas de mortalidade infantil caíram com o emprego de antibióticos, inseticidas (contra o mosquito da malária), atendimento a episódios coletivos de inanição, imunizações e controle epidêmico. Portanto, o desenvolvimento global e a conseqüente elevação dos níveis de vida assumiram papel secundário. Dessa maneira, o progresso era falso e a taxa de mortalidade infantil aumentaria fatalmente, ou melhor, "em breve, o progresso baseado em tal padrão entraria em choque com suas próprias limitações".[34]

---

32 *Ibid.*, p. 7.
33 *Ibid.*, p. 8.
34 *Ibid.*, p. 9.

Como se vê, a queda das taxas de mortalidade infantil nos países subdesenvolvidos se deu em conseqüência da aplicação de *assistência direta* (emprego de antibióticos, imunização, etc.) às populações adulta e infantil. O "padrão virado de cabeça para baixo" foi exatamente uma assistência aplicada diretamente, e foi ela que determinou um pseudoprogresso que, inevitavelmente, entraria em choque com as próprias limitações dos métodos usados.

O UNICEF apresenta como alternativa para o combate à mortalidade infantil nos países subdesenvolvidos, principalmente em períodos de recessão, de desemprego, de baixo PNB, a aplicação das quatro "pontas-de-lança", que são os quatro métodos relatados anteriormente. Ora, esses quatro métodos, como se viu, são de *assistência direta* à infância. Como acreditar que eles não entrem também "inevitavelmente em choque com as suas próprias limitações"? Como acreditar que, depois de certo tempo, não aumente a mortalidade em outras idades, provocando distúrbios demográficos, como no caso de Porto Rico, citado anteriormente?

A intenção do sr. diretor executivo do UNICEF parece excelente, mas os resultados positivos, acreditamos, só devem ser esperados nos países onde houver um mínimo de desenvolvimento socioeconômico e uma renda progressivamente melhor e distribuída com mais justiça. Os quatro métodos estão incluídos entre os chamados cuidados primários de saúde, mas isso não quer dizer que todos os cuidados primários sejam eficientes em quaisquer condições de aplicação.

A primeira Conferência Internacional sobre Cuidados Primários de Saúde, reunida na cidade soviética de Alma-Ata, em fins de 1978, trouxe um avanço notável para a aplicação dos métodos de saúde pública nos países subdesenvolvidos. Foi a partir dessa Conferência que se começou a perceber que os sistemas de saúde ao estilo ocidental não atendiam aos interesses das populações desses países. Tornava-se necessário projetar novos caminhos, a partir da problemática dos países carentes e não-industrializados. Para se obter resultado em saúde pública, não era necessário pessoal altamente especializado ou hospitais dotados de tecnologia sofisticada. Chegou-se à conclusão de que não é preciso que os países subdesenvolvidos sigam as trilhas do mundo industrializado em matéria de saúde, nem que esperem por um avançado estágio de desenvolvimento econômico, mas torna-se importante que onde se apliquem as idéias prevalentes na Conferência de Alma-Ata, para se obter resultado, haja um mínimo de equilíbrio econômico, sem arrocho salarial, sem inflação em níveis absurdos, prejudicando de maneira perversa as classes pobres, sem desemprego nem miséria.

Outro ponto importante advém do que se disse anteriormente. Ao se fazer a promoção desses quatro métodos, dando-se maior ênfase a eles do que ao desenvolvimento socioeconômico e à melhoria da qualidade de vida das populações, toma-se uma atitude que encobre a realidade social: de que os problemas de saúde e desenvolvimento infantis podem ser totalmente resolvidos só com esses cuidados primários. Além do mais, pode-se transmitir a falsa idéia de que a pobreza não é passível de ser eliminada, e que o melhor que se pode fazer é compensar as desigualdades com técnicas de cuidados primários. Muitos passam a pensar que a única maneira de combater a mortalidade infantil em regiões como o Nordeste brasileiro, por exemplo, é distribuir sais para soluções contra a desidratação, vacinar as crianças, distribuir gráficos de crescimento e incentivar a amamentação. Esquecem a importância dos problemas relativos ao desenvolvimento socioeconômico e à qualidade de vida das populações pobres, o que interessa às classes dominantes dos países subdesenvolvidos, incompetentes, ou melhor, sem vontade de solucioná-los. Ainda mais, ao se dar ênfase a esses métodos, faz-se crer que a culpa pela alta mortalidade infantil deva recair sobre as próprias mães, que muitas vezes não podem amamentar ou, por vários motivos, não conseguem ter acesso a um posto de saúde.

Mas, honra seja feita, em uma das últimas páginas do relatório, embora sem muita ênfase, encontramos um trecho que mostra o poder de exploração dos países industrializados sobre os dependentes:

> Os países industrializados, abrangendo uma quarta parte da população do planeta, ainda controlam mais de três quartas partes da riqueza global. Na prática, isso lhes dá o poder para estabelecer as regras do comércio mundial, regular os mecanismos do sistema monetário internacional, decidir quais investimentos serão realizados e onde, determinar o curso das pesquisas científicas e tecnológicas e organizar a divisão internacional do trabalho grandemente em seu próprio favor. Como resultado, a maioria das nações em desenvolvimento tem relativamente pouco controle sobre o preço que recebem pelas matérias-primas que são obrigadas a vender, ou sobre

> o preço que pagam pelos bens manufaturados que precisam comprar, ou sobre o valor da moeda que têm de usar, ou sobre o sistema monetário mundial dentro do qual devem ganhar seu sustento, ou sobre as condições dos investimentos que desejam, ou sobre o volume e as condições da ajuda que recebem.
>
> São todos estes problemas fundamentais, com efeito nas receitas nacionais, nos serviços governamentais, nas oportunidades de emprego, nas rendas familiares e, conseqüentemente, no bem-estar das crianças. A solução dos mesmos depende da longa batalha em prol do crescimento econômico, da justiça econômica e do desenvolvimento social.[35]

No final desse trecho, o relatório propõe outra "revolução", ou melhor, uma "longa batalha": além da "revolução em prol da criança", a "batalha em prol do crescimento econômico da justiça econômica e do desenvolvimento social". Acreditamos que a criança só seria verdadeiramente beneficiada com a vitória das duas "batalhas" travadas simultaneamente.

Está mais que provado que a baixa mortalidade infantil esteve sempre relacionada com as boas condições de vida das famílias. Como exemplo, basta citar o seguinte: com o crescimento do capitalismo e da urbanização na Inglaterra, no século XVIII, a mortalidade infantil entre os pobres trabalhadores industriais estava acima de 200 por mil, enquanto nas famílias reais, na mesma época, era de 14 por mil (mais ou menos a taxa apresentada pela Inglaterra em 1980).[36] É preciso lembrar que naquela época não havia antibióticos ou vacinas, nem se conheciam os princípios higiênicos e preventivos da era pasteuriana. A única diferença era a condição de vida.

E não resta a menor dúvida de que, para se defender a infância em qualquer país, na prática, é necessário promover uma distribuição de renda mais eqüitativa. Para isso, é preciso que se mantenham padrões mínimos de nutrição, saúde, serviços básicos, educação e renda familiar. Para a criança, não basta a sobrevivência. Ela precisa de um mínimo de assistência da família e do

---

35 *Ibid.*, p. 35.

36 Rohde, J. E. "Why the other half dies. The science and politics of child mortality in the Third World. *Assignment Children*, 61-62, UNICEF, 1983, p. 35.

Estado para crescer e desenvolver-se com dignidade. O problema é, essencialmente, político.

Com a atual recessão mundial, é de se esperar que o pior para as crianças esteja ainda por vir. Sempre "a corda arrebenta do lado mais fraco" e, em uma sociedade, o mais fraco é a criança. Sempre foi assim. Nos grandes períodos de crise, de miséria e de fome, são as crianças as que mais sofrem. Com a calamidade do Nordeste brasileiro, de seca e miséria, as notícias dos jornais acusam que, em certas cidades, a taxa de mortalidade infantil chega a mais de 250 por mil entre camponeses e retirantes.

Seja como for, o relatório do UNICEF traz uma contribuição importante à causa da infância; se alguns pontos são polêmicos, no total ele deve ser lido e servir para reflexão de todos os que se dedicam à criança, em qualquer parte do mundo.

8

OS LIVROS DE PUERICULTURA NO BRASIL

Desde o final do século passado, com o advento da era pasteuriana, a puericultura passou a ter bases científicas. É evidente que os livros sobre cuidados com as crianças mudaram de forma e de feição, em todo o mundo ocidental. A grande maioria desses livros é endereçada às mães. Existem, entretanto, alguns que são dedicados a estudantes de medicina, a médicos, enfermeiros e professores do 1.° grau, escritos em nível mais elevado, com temas tratados e desenvolvidos de forma mais aprofundada. Geralmente, a puericultura para médicos e estudantes está incluída nos livros-textos de pediatria.

Luc Boltanski, na primeira parte de seu livro *Puericultura y moral de clase,*[1] fez um estudo da evolução da puericultura na França, através dos "guias das mães", dos manuais de "higiene infantil" — enfim, dos livros de divulgação popular sobre os cuidados com os bebês. Ele nos mostra que a puericultura é, sem dúvida, objeto privilegiado para os que queiram compreender os caracteres específicos da difusão das técnicas e dos saberes no interior de uma sociedade estratificada. Mostra também que, desde antes da era pasteuriana, antes de 1885-1890, a puericultura e a escola já procuravam realizar uma "culturalização" das classes populares segundo os valores e finalidades das classes médias. Trata-se, claramente, de uma "colonização". Procuravam realizar uma obra civilizadora por meio do ensino e da divulgação das coisas do lar, pois o mais útil e mais fácil era *domesticar* a mu-

---

1 Boltanski, L. *Puericultura y moral de classe.* Barcelona, Laia, 1974.

lher. Mais útil por regular a vida privada da esposa e seu comportamento na intimidade do lar. Mais fácil porque a mulher era considerada mais domável, mais dócil e menos sujeita a rebeldias intelectuais que o homem. Da mulher se esperava que se convertesse em missionária, em auxiliar da escola e do médico, e que convertesse o marido e os filhos. Boltanski nos afirma que "as obras de puericultura publicadas antes de 1870 ou 1880, particularmente as que se destinavam às mães ou ao público em geral, apresentam todas, ou quase todas, os caracteres que, segundo Gaston Bachelard, revelam um estado pré-científico do saber".[2] São, na verdade, obras prolixas, volumosas, cheias de regras, metáforas, imagens e provérbios ou citações latinas. Nelas se discute, por exemplo, como os caracteres de cada animal podem transmitir-se às crianças através do leite — se os bebês alimentados com leite de vaca são lentos e tristes e os alimentados com leite de cabra são mais vivazes e alegres.

Depois da era pasteuriana, as obras tornam-se pouco volumosas, escritas em estilo conciso e didático. Os temas são aqueles considerados fundamentais até hoje, como assepsia, aleitamento materno, técnicas de alimentação e dietas para cada idade, etc. As regras são racionais e não podem mais basear-se no prestígio pessoal e nos grandes mestres da antigüidade. Mas essas regras passam a ser ensinadas como dogmas, como verdades indiscutíveis e, às vezes, complexas para as mães, que cada vez mais se vão tornando dependentes do médico puericultor para resolver os pequenos problemas de seus filhos. Começam a aparecer livros escritos para as mulheres do povo e para as da burguesia. Mas o que se pretende mesmo é que as mulheres pobres sejam educadas ou *civilizadas* dentro dos padrões burgueses.

No Brasil, os livros sobre cuidados com bebês dedicados às mães começam a ser editados mais freqüentemente a partir deste século — portanto, já depois do início da era pasteuriana. Raros livros de puericultura foram editados no Brasil no século XIX e no anterior. O primeiro de que se tem notícia é o de Francisco de Melo Franco, mineiro, formado em Coimbra e domiciliado em Lisboa, onde desfrutava de fama clínica. Publicado em 1790, tem

2 *Ibid.*, pp. 31-2.

o título de *Tratado de educação física dos meninos*. Martinho da Rocha, que o reeditou com comentários, considera o autor como o primeiro puericultor brasileiro, embora ele tivesse dedicado sua obra ao "uso da nação portuguesa", da qual fazia parte a Colônia.[3]

Em 1843, J. B. A. Imbert lançou o que talvez tenha sido o primeiro livro de puericultura editado no Brasil (Rio de Janeiro): o *Guia médico das mães de família ou A infância considerada na sua higiene.*

Em 1860, Antonio Ferreira Pinto publicou *O médico da primeira infância ou O conselheiro da mulher grávida e higiene da primeira infância.*

A primeira revista de puericultura do Brasil, lançada em 1879, tinha o título de *Mãe de família,* e era dirigida por Carlos Costa. Martinho da Rocha [4] nos diz que a revista durou até 1888, tratando-se de "interessante repositório de conhecimentos da época relativos à higiene infantil, merecendo todo tempo ser consultado quer pela sua matéria quer pelas admiráveis gravuras coloridas do vestuário infantil do seu tempo".

O Dr. João José de Sant'Anna publicou, em 1890, o *Manual das jovens mães.*

Na última década do século XIX foram publicadas várias edições do livro *O cuidado das creanças,* do monsenhor Sebastião Kneipp, traduzido do alemão.[5]

No final deste capítulo inserimos uma bibliografia de teses e livros sobre puericultura, principalmente os populares, endereçados às mães. Foi com grande dificuldade que conseguimos organizá-la, pois, tratando-se de livros de divulgação, não há citações em trabalhos posteriores. Não é como um livro ou trabalho científico, que certamente está relacionado em bibliografias de estudos feitos por autores que se esmeram em torná-las as mais

---

3 Rocha, J. M. *Nosso primeiro puericultor (Biografia de Francisco de Melo Franco).* Rio, Agir, 1946.

4 Rocha, J. M. *Introdução à história da puericultura e pediatria no Brasil (1500-1882).* Rio, 1947 (edição distribuída pela Nestlé).

5 Kneipp, S. (monsenhor). *O cuidado das creanças quando sans e quando doentes ou avisos e conselhos a respeito da hygiene e medicina da infancia.* Porto Alegre, João Mayer Jr. & Comp., 3.ª ed., 1897.

completas possíveis. Ao contrário, os "guias das mães" não são citados em trabalhos científicos porque são considerados obras de "divulgação popular". Por outro lado, essas obras, geralmente produzidas com algum interesse comercial, não citam aquelas editadas anteriormente, por óbvios motivos de concorrência.

Outra grande dificuldade encontrada foi a obtenção do ano em que a edição foi feita. Alguns editores, talvez por má fé, não colocam a data da edição para confundir o comprador quanto à sua possível desatualização. Essa atitude por parte dos que editam os livros é tremendamente prejudicial, pois os trabalhos de divulgação popular constituem excelente repositório de como têm sido tratadas as crianças no decurso das décadas. Essas obras, portanto, constituem importante manancial de dados para aqueles que pretendam escrever a história da infância brasileira. Uma análise evolutiva dessas obras também seria um trabalho importante para os estudiosos brasileiros de sociologia, antropologia, história e puericultura social.

A maioria dos livros populares de puericultura, no Brasil, do início do século até hoje, sempre teve boa apresentação. Esses livros, geralmente, são bem encadernados, bem ilustrados e, com os progressos das artes gráficas, as ilustrações passaram a ser em cores, tornando-os mais atraentes. O que se nota, portanto, é que eles são endereçados às mães de classe média ou alta, com bom poder aquisitivo; e nem poderia deixar de ser assim, dada a elevada incidência de analfabetismo entre as mulheres das classes pobres. Por outro lado, o bom aspecto dos livros também se deve ao fato de os editores logo terem notado que essas obras são dadas como presente, principalmente para as mães de primeiro filho. Para tanto, devem ser vistosas e atraentes.

A primeira obra de puericultura popular com suceso de vendagem nas livrarias foi o famoso *Guia das mães,* do Dr. Wittrock. O Dr. Germano Antonio Wittrock foi pediatra de grande clínica, no Rio de Janeiro, principalmente nas décadas de 20 e 30. A primeira edição de seu livro é de setembro de 1927, e se esgotou em menos de um ano. No prefácio à primeira edição, o Dr. Wittrock diz que o livro nasceu dos ensinamentos publicados na *Vida Doméstica* — revista de boa vendagem na década de 30, com o subtítulo *Revista do lar e da mulher* —, e também em *O Jornal.* Nesse mesmo prefácio, o autor demonstra que segue a trilha dos mestres puericultores do século XIX, ao procurar fazer da mãe uma "plantonista" do pediatra: "Procuramos ainda fazer de toda a mãe uma ótima auxiliar do médico [...]."

A partir da sexta edição (1939), quem faz o prefácio é sua viúva: "[...] quando ainda mal são decorridos os doze primeiros meses do desaparecimento do seu autor [...]". O *Guia das mães* do Dr. Wittrock exerceu grande influência nas famílias no que se refere às técnicas e orientações nos cuidados com os bebês. Em conversa com livreiros amigos meus, donos de casas de livros usados, todos são unânimes em afirmar que até hoje (1984) o livro do Dr. Wittrock ainda é procurado. Em 1943, saiu a oitava edição e, em 1956, a 15.ª.

Inegavelmente, o livro de puericultura de maior sucesso no Brasil é *A vida do bebê,* do Dr. Rinaldo de Lamare, cuja primeira edição é de 1941. Em entrevista com o autor, amigo pessoal, a quem dedico profunda admiração como pessoa e como profissional, disse-me ele que as primeiras edições foram feitas por sua conta, apesar de constarem como editoras a Freitas Bastos e, posteriormente, a Empresa Gráfica O Cruzeiro e a Borsói. Como em muitas edições, não consta o ano de publicação, e como isso poderá ser de interesse, no futuro, para aqueles que desejam estudar a evolução das técnicas e cuidados com as crianças pequenas nas diferentes décadas, conseguimos com o autor algumas datas, que serão vistas na relação bibliográfica no final deste capítulo.

A última edição é a 34.ª, de 1984. O autor diz que o tempo entre uma e outra edição sempre variou de um a dois anos, o que facilita localizar o ano de uma edição de que não conste a data, desde que se saiba a de uma próxima.

BIBLIOGRAFIA

Os livros de puericultura citados nesta bibliografia são de autores brasileiros, e não tenho a pretensão de que a lista esteja completa. Foi a que consegui colher na Biblioteca Nacional (Rio de Janeiro), na Biblioteca da Faculdade de Medicina da UFRJ, e em minha própria coleção particular de puericulturas e "guias das mães", que venho organizando há alguns anos, com muita dificuldade em obter exemplares nas casas de livros usados. Alguns colegas me ajudaram na obtenção dessa bibliografia, e outros até me ofereceram obras antigas, difíceis de serem encontradas.

Os livros estão classificados pela ordem cronológica do ano da primeira edição, ou da edição mais antiga que pude verificar. É interessante que alguns autores vivos consultados pessoalmente ou por telefone não se tenham lembrado dos anos de algumas edições; outros nem possuíam um exemplar em sua biblioteca para verificação.

É provável haver algum engano no que diz respeito à grafia do nome do autor ou do título da obra, e mesmo quanto ao ano da edição. Espero, entretanto, que os leitores me ajudem a completar a lista de livros e a corrigir alguns erros que porventura existirem. As cartas poderão ser enviadas, em nome do Cecad, para o seguinte endereço: Praia do Flamengo, 122, apto. 801, Flamengo, Rio de Janeiro, CEP 22210. Com tal ajuda, espero, na oportunidade de outra edição, completar ou pelo menos melhorar a bibliografia dessas obras — trabalho importante, pois até bibliotecas especializadas não possuem uma bibliografia completa sobre o assunto.

Não constam da lista livros de autores estrangeiros traduzidos no Brasil. Alguns destes, como por exemplo o de Benjamim Spock, traduzido sob o título *Meu filho, meu tesouro,* tiveram várias edições entre nós e exerceram grande influência, não só sobre as mães, como também sobre vários autores nossos, citados na lista, que publicaram seus livros após a primeira edição do trabalho do Dr. Spock nos Estados Unidos, em 1968.

A bibliografia utilizada na redação desta obra encontra-se nos rodapés, pelo que não achei necessário repeti-la no final. Da relação a seguir, portanto, só constam livros de puericultura para uso por mães, estudantes de medicina e de enfermagem ou normalistas.

OS PRINCIPAIS LIVROS DE PUERICULTURA DE AUTORES BRASILEIROS

Franco, Francisco de Mello. *Tratado da educação física dos meninos para uso da nação portuguesa.* Lisboa, Academia Real de Ciências, 1790.

Obra rara. Existe um exemplar na Biblioteca Nacional do Rio de Janeiro. Para uma biografia do autor, com comentários sobre a obra.

ver: Rocha, José Martinho da. *Nosso primeiro puericultor. Biografia de Francisco de Mello Franco. Tratado da educação física dos meninos Comentários.* Rio, Agir, 1946.

Imbert, J.B.A. *Guia médico das mães de família ou A infância considerada na sua higiene, suas moléstias e tratamentos.* Rio, Tip. Francesa, 1843.

Pinto, Antonio Ferreira. *O médico da primeira infância ou O conselheiro da mulher grávida e higiene da primeira infância.* Sem indicações quanto a local de publicação e editora, 1860.

Monteiro, Joaquim dos Remédios. *Higiene e educação à infância.* Resende, Tip. do Astro Resendense de Fernandes, 1868.

Costa, Carlos. *A Mãe de Família* (revista de puericultura editada no Rio de Janeiro entre 1879 e 1888).

Sant'Anna, João José. *Manual das jovens mães,* 1890.
(Esse livro está citado no prefácio do livro de Jorge Sant'Anna e Leonel Gonzaga, *Escola de mães, saúde de filhos,* listado adiante. Não encontramos referência a ele na Biblioteca Nacional.)

Moncorvo Filho, Arthur. *Higiene infantil* (Preleções do curso popular realizado em 1915 no Instituto de Proteção e Assistência à Infância do Rio de Janeiro). I: Higiene privada da infância. Rio, Imprensa Nacional, 1917.
É livro importante, pois trata-se do primeiro da fase científica da puericultura no Brasil.

Figueira, Fernandes. *Consultas práticas de higiene infantil.* Rio, Leite Ribeiro & Maurillo, 1919.
A 2.ª edição saiu com título *Livro das mães. Consultas práticas de higiene infantil,* em 1920, tendo os mesmos editores. O livro compõe-se de 107 consultas feitas e respondidas em forma de cartas.

Magalhães, Alfredo Ferreira de. *Puericultura e Philopedia.* Salvador, Imprensa Oficial da Bahia, 1922.

Silva, Tácito Monteiro de Carvalho e. *Junto ao berço.* Campinas, Casa Genoud, 1924.

Sant'Anna, Jorge e Gonzaga, Leonel. *Escola de mães, saúde de filhos.* Leuzinger, 1931.
A 1.ª edição é de 1926.

Wittrock, Germano Antônio. *Guia das mães.* Rio, 1927, Vida Doméstica, 2.ª ed., 1928; 3.ª ed., 1931; 4.ª ed., 1933; 5.ª ed., 1936; 6ª ed., póstuma, 1939; 8.ª ed., 1943 e 15.ª ed., 1956.

Figueira, Fernandes. *Elementos de patologia e higiene infantis.* Rio 1929.

Tigre, Manuel Bastos. *Meu bebê (Livro das mamães)* (1.º Prêmio de Poesia da Academia Brasileira de Letras). Rio, Flores & Mano, 2.ª ed., 1933.
Ilustrado por Acquarone, F. A 4.ª ed. é de 1939.

Almeida Júnior, Antônio Ferreira. *O livro das mamães.* São Paulo, Nacional, 1933.

Brandão, Teo. *Higiene e puericultura (discursos e conferências).* Maceió, Ramalho, 1934.

Fortes, Hugo. *Puericultura.* Ribeirão Preto, 1934. A 3.ª ed. foi publicada pela Gráf. Olímpica Ed., Rio, 1940.

Carneiro, Suikire Antunes. *Roteiro das mães.* Rio, Ariel, 1935.

Alcântara, Pedro de. *Higiene da primeira infância.* São Paulo, Nacional, 1936, 3.ª ed., São Paulo. Nacional, 1951; 4.ª ed., Rio, Luso-Espanhola e Brasileira, 1955.

Sampaio, José da Silveira. *Noções de higiene infantil, curso de higiene infantil da PRF-4.* Rio, Jornal do Brasil, 1937-1941.
Silveira Sampaio começou a vida como pediatra e posteriormente se tornou grande artista do rádio, da televisão e do teatro.

Ribeiro, Otávio Salenna Garção. *Puericultura e pedagogia euphrenopedia, como desenvolver a inteligência da criança desde o berço.* Rio, Pimenta de Mello, 1937.

Lengruber, Otávio. *O aspecto hygiênico da idade escolar.* Rio, Canto & Reile, 1937.

Rangel, Mário. *A saúde dos filhos, conselho às mães.* Rio, 1937.
Em 1953, foi publicada uma edição com o título *Guia de bolso para criar o bebê e a criança.* Rio, Tecnoprint.

Gesteira, Joaquim Martagão. *Como criar o meu filhinho (palestra com o doutor).* São Paulo, Nacional, 2.ª ed., 1940.
(Não conseguimos a data da 1.ª ed.)

Pinto, Otávio Ferreira da Silva. *Lições de puericultura proferidas no curso de visitadoras sociais da Escola Alfredo Pinto.* Rio, Imp. Nacional, 1940.
Outra edição saiu com o título *Excertos de puericultura.* Rio, Imp. Nacional, 1950.

Brasil, Mário de Assis. *Como devo cuidar meu filho.* Porto Alegre, Globo, 1940.

Ciancio, Nicolau. *A mamãe e o bebê.* Rio, A Noite, 1940.

Lamare, Rinaldo de. *A vida do bebê.* Rio, Freitas Bastos, 1941.
Como em muitas edições faltam as datas, o próprio autor forneceu algumas que conseguiu lembrar: a 3.ª ed., 1944, é reimpressão da 1.ª; 4.ª ed., 1946 (O Cruzeiro); 6.ª ed., 1949; 10.ª ed., 1953; 13.ª ed., 1955; 14.ª ed., 1956; 16.ª ed., 1962; 21.ª ed., 1966 (Borsoi). A partir da 22.ª ed., 1967, o livro passou a ser publicado pela Bloch. A 33.ª ed é de 1982 e a 34.ª, de 1984.

Laport, Francisco. *ABC das mães.* Rio, Freitas Bastos, 1941.

Rinaldi, Guiomar Rocha. *A mamãezinha, pequenas lições de puericultura.* Rio, 1941.
A 2.ª ed. é de São Paulo, Melhoramentos, 1944.

Mauricea, Filho. *Do berço à escola (elementos de ciência puerícola dedicados aos que se interessam pela saúde e destinos intelectuais e morais da criança brasileira).* Rio, Emiel, 1941.

Salgado, Clóvis e Gomes, Fernando Magalhães. *Sei criar e educar meu filho.* Belo Horizonte, Inconfidência, 2.ª ed., 1946.
1.ª ed.: Rio, Calvino, 1942.

Gesteira, Joaquim Martagão. *Puericultura (Higiene alimentar e social da criança)*. Rio, Pan-Americana, 1943.
A 2.ª ed. é de 1945. A 3.ª ed. foi revista e atualizada pelo filho do autor Raymundo Martagão Gesteira, e publicada pela Atheneu, Rio, 1957.

Oliveira, Valdemar de. *Higiene e puericultura*. Não conseguimos a data da 1.ª ed. e de outras. 6.ª ed. (refundida), Recife, Universal, 1946; 7.ª ed., 1955; 14.ª ed., 1960; 25.ª ed., São Paulo, Ed. do Brasil, 1968; 28.ª ed., São Paulo, Ed. do Brasil, 1975.
Trata-se de livro para os institutos de educação e formação de professores primários.

Telles, Walter. *...E agora, mamães (Cartas sobre a criação de bebê)*. Rio, Victor, 1946.

Russo, Evaldo Mario. *Cuide de seu filho*. São Paulo, Melhoramentos, 1946.

Andrade F.º, Odilon. *Prepara teu filho para a vida* (Educação psicológica da criança). Rio, Civilização Brasileira, 2.ª ed., 1954 (1.ª ed., 1947).

Costa, Clóvis Correia da. *Puericultura*. Rio, Imp. Nacional, 2.ª ed., 1947; 3.ª ed., 1950; 4.ª ed., 1955.
Em 1943, o mesmo autor editou pela Imp. Nacional um livro com o título *Puericultura e maternidade*.

Piza, Wladimir de Toledo. *O livro das mamãezinhas*. São Paulo. 5.ª ed., Dep. de Saúde e Sec. de Propaganda e Educação Sanitária, 1948.

Gomes, Fernando Magalhães. *Faça o seu filho feliz (Puericultura — higiene mental — educação)*. Belo Horizonte, Itatiaia, 2.ª ed., 1958 (1.ª ed., 1949).

Lima, Olavo Correia. *Eu e mamãe (Puericultura para a mãe nortista)*. São Luís, 1949.

Arruda, Ney de Carvalho. *Saúde para meu bebê, especialmente dedicada às futuras mães*. Rio, Melhoramentos, 1952.

Rocha, José Martinho da (em colaboração com o Dr. Odilon de Andrade Filho). *Cartilha das mães*. Rio, Civilização Brasileira, 9.ª ed., 1954. Não conseguimos as datas das edições anteriores.

Rangel, Mário. *Puericultura para enfermeiras*. Rio, Irmãos di Giorgio, 2.ª ed., 1954.

Rocha, José Martinho da. *Guia para criar o bebê. Puericultura elementar*. Rio, Francisco Alves/Paulo de Azevedo, 3.ª ed., 1955.

Madeira, Hermínia Tadeu. *Questões de puericultura*. Rio, 1956 (48 pp.).

Castro, Álvaro Serra de. *Assistência ao recém-nascido normal*. Rio, Capitólio Ltda., 1956.

Departamento Nacional da Criança, Brasil. *Livro das mães*. Rio, 3.ª ed., 1957 (não conseguimos a data da 1.ª edição).

Legião Brasileira de Assistência. *A criança sadia*. Rio, 1958 (Série Popular).

Guerra, Cleodulfo Viana. *Higiene e puericultura*. Rio, Simões, 1959.

Vasconcelos, Jaime Freire de e Lopes, Carlos Augusto. *Livro das mães.* Rio, Ministério da Saúde/Dep. Nac. da Criança, 5.ª ed., 1961.

Coelho, José Guerra Pinto e Portugal, Henrique Furtado. *Higiene e puericultura (Biologia educacional e higiene).* Belo Horizonte, Bernardo Álvares, 3.ª ed., 1970 (1.ª ed., 1961).

Salles, Arthur. *Puericultura (pré-nupcial e pré-natal).* Rio, Minerva, 3.ª ed., 1962.

Evangelista, Darcy. *Como cuidar e criar o bebê.* Rio, Edições de Ouro (Tecnoprint), 1962.

Silva, Yeda Roesch da. *Nós e a criança (Problemas do desenvolvimento psicológico da criança desde o nascimento até a adolescência).* Porto Alegre, Globo, 1963.

Siqueira, Jorge Picanço. *Como cuidar de seu bebê.* Rio, Muniz, 1963.

Prado, Carlos V. e Monetti, Vicenti. *Manual de pediatria e puericultura.* Instituto Farmacêutico de Prod. Cient. Xavier (Procienx)/Dep. Estadual da Criança de São Paulo, 1964.

Andrade, Gentil Senra de. *Pediatria preventiva para mães e futuras mães.* Rio. O livro é um conjunto de aulas ministradas pelo autor em 1965.

Mielnik, Isaac. *Criando um bebê sadio. Orientação psicológica nos primeiros anos de vida.* São Paulo, Edart, 1967. A 2.ª ed. é de 1975.

Alcântara, Pedro de, Marcondes, Eduardo e Machado, Dulce. *Mãe e filho (Noções de puericultura).* São Paulo, Saraiva, 3.ª ed., 1968.

Galvez, Maria Eunice Heras. *Cuide de seu filho dentro dos princípios naturais e sadios.* São Paulo, Ordem do Graal na Terra, 1968.

Andrade Filho, Odilon. *ABC das mães. A criança do nascimento à adolescência.* Rio, Forense, 1969.

Lins, Aldo. *Seu filho, do parto à adolescência.* Rio, Fórum, 1970.

Almeida, Wilson Castelo de. *Higiene e puericultura.* Belo Horizonte, Júpiter, 1971.

Gonsalves, Paulo Eiró (org.). *A criança: perguntas e respostas.* Editado com a colaboração da Ed. da Universidade de São Paulo, 1971. 2.ª ed., São Paulo, Cultrix, 1977.

Torres, Maria Cristina. *Compêndio de puericultura.* Viçosa, Imprensa Universitária, 1971.

Pereira, Otávio Amaury G. *As bases da higiene infantil.* Rio, 1973.

Lamare, Rinaldo de. *A vida de nossos filhos (de 2 a 16 anos).* Rio, O Cruzeiro, 4.ª ed., s/data. A 1.ª ed. é de 1974.

Gesteira, Raymundo Martagão. *A nova puericultura.* São Paulo. Fundo Editorial Byk/Procienx, 1974.

Pereira, Otávio Amauri Guimarães. *Pediatria preventiva.* Rio, Cultura Médica, 1976. A 2.ª ed. é de 1980.

Souza, Ronald Pagnoncelli (org.). *Nossos filhos, a eterna preocupação.* Porto Alegre, Globo, 1978.

Marques, Juracy C. *Ajudando a criança a crescer.* Porto Alegre, Globo, 1979.

Seu filho de A a Z. Um dicionário de saúde e alegria. Rio, Bloch, 1979.

Weller, Waldemar. *A saúde da criança. Um guia para pais modernos* Rio, Civilização Brasileira, 1979.
Mattos, Egberto. *Infância e adolescência (uma abordagem médico-social).* Rio, Atheneu, 1980.
Woiski, Jacob Renato (org.). *O grande livro das mães.* São Paulo, Melhoramentos, 1980.
Savastano, Helena J. *et al. Seu filho de 0 a 12 anos. Guia para observar o desenvolvimento e crescimento das crianças até 12 anos.* São Paulo, Ibrasa, 3.ª ed., 1982.
Barbosa, Nestor Berilo. *Do pediatra às mães.* São Paulo, 3.ª ed., 1983.
Chiaffarelli, Olindo. *Como devo criar meu filho. Conselho às mães.* São Paulo, Melhoramentos (a Biblioteca Nacional não tem a data da publicação).
Prado, Carlos Vasconcelos. *Vamos criar seu filho.* Curitiba, Guaíra (a Biblioteca Nacional não tem a data de publicação).

ALGUMAS TESES E TRABALHOS SOBRE PUERICULTURA DO SÉCULO XIX E INÍCIO DO SÉCULO XX

A lista aqui apresentada em ordem cronológica, por certo, também não deve estar completa. Foi conseguida na Biblioteca Nacional (Rio de Janeiro) e em consultas a alguns livros de história. Outros trabalhos estão citados no rodapé das páginas dos capítulos anteriores. Estas teses não tiveram divulgação popular e circularam em âmbito restrito, mas refletem as idéias e pensamentos de grande número de médicos daquela época, daí sua importância.

Bretas, Agostinho José Ferreira. *Dissertação inaugural sobre a utilidade do aleitamento maternal e os inconvenientes que resultam do desprezo deste dever.* Rio, J. Gremiere, 1838 (tese apresentada à Fac. de Med. do Rio de Janeiro).
Malcher, José da Gama. *Dissertação sobre os cuidados que se devem prestar aos recém-nascidos.* Constitucional, Imp. G. J. de Barbuda, 1839 (tese apresentada à Fac. de Med. da Bahia).
Costa, Tomas José Xavier dos Passos Pacheco e. *Considerações gerais sobre os cuidados que se devem prestar aos recém-nascidos quando vêm no estado de saúde e sobre as vantagens do aleitamento materno.* Rio, Francesa, 1840 (tese apresentada à Fac. de. Med. do Rio de Janeiro).
Leitão, Antonio d'Araujo. *Dissertação sobre a higiene da infância.* Rio, 1841 (tese apresentada à Fac. de Med. do Rio de Janeiro).
Araujo, José Augusto Cesar Nabuco. *Algumas considerações acerca da utilidade do aleitamento maternal e dos males provenientes do despre-*

zo deste grandioso dever. Rio, Universal de Leamert, 1844 (tese apresentada à Fac. Nac. de Med.).

Melo, Joaquim Pedro de. *Generalidades acerca da educação física dos meninos.* Rio, Teixeira, 1846 (tese apresentada à Fac. de Med. do Rio de Janeiro).

Meirelles, Zeferino Justino da Silva. *Breves considerações sobre as vantagens do aleitamento materno.* Rio, 1847 (tese apresentada à Fac. de Med. do Rio de Janeiro).

Andrade Júnior, José Bonifácio Caldeira de. *Esboço de uma higiene dos colégios, aplicável aos nossos. Regras principais...* Rio, Imperial e Constitucional, 1855 (tese apresentada à Fac. de Med. do Rio de Janeiro).

———. *Esboço de uma hygiene dos collegios.* Rio, Imperial e Constitucional, 1855 (tese apresentada à Fac. Nac. de Med.).

Guimarães, Antenor Augusto Ribeiro. *A hygiene dos collegios.* Rio, Imparcial, 1858 (tese apresentada à Fac. Nac. de Med.).

Bacomini, Eduardo. *Infância.* Salvador, C. Pongetti, 1858 (tese apresentada à Fac. de Med. da Bahia).

Duque, Francisco Basilio. *Hygiene da criança, do nascimento à queda do cordão umbilical.* Rio, Universal, 1864 (tese apresentada à Fac. Nac. de Med.).

Zanith, José Ribeiro dos Santos. *Do aleitamento natural, artificial e misto em geral e particularmente do mercenário em relação às condições da cidade do Rio de Janeiro.* Rio, Apóstolo, 1869 (tese apresentada à Fac. de Med. do Rio de Janeiro).

Silva, Frutuoso Pinto da. *Hygiene dos collegios.* Salvador, F. Félix, 1869 (tese apresentada à Fac. de Med. da Bahia).

Vianna, Murilo Mendes. *Do aleitamento natural, artificial e misto em geral e, em particular, do mercenário em relação às condições da cidade do Rio de Janeiro.* Rio, 1869 (tese apresentada à Fac. de Med. do Rio de Janeiro).

Neves, Juvenal Martiniano das. *Do aleitamento natural, artificial e misto e particularmente do mercenário em relação às condições em que se ache no Rio de Janeiro.* Rio, 1873 (tese apresentada à Fac. de Med. do Rio de Janeiro).

Armond, Amaro Ferreira das Neves. *Da educação physica, intelectual e moral da mocidade do Rio de Janeiro e sua influência sobre a saúde.* Rio, Apostolo, 1874 (tese apresentada à Fac. de Med. do Rio de Janeiro).

Coutinho, Cândido Teixeira de Azevedo. *Esboço de hygiene dos collegios* Rio, 1875 (tese apresentada à Fac. de Med. do Rio de Janeiro).

Lobo, Luiz Alves de Souza. "Causas da mortalidade das crianças recémnascidas na capital do Império". *In Annaes Brasilienses de Medicina,* 1876.

Eboli, Thomaz. *Dissertação sobre a higiene, os prejuízos que causa uma má amamentação.* Rio, 1880 (tese apresentada à Fac. de Med. do Rio de Janeiro).

Castilho, Ildefonso Archer de. *Higiene da primeira infância.* Rio, 1882 (tese apresentada à Fac. de Med. do Rio de Janeiro).

Barbosa, Adolpho Alves Simões. *Higiene da primeira infância.* Rio, 1882 (tese apresentada à Fac. de Med. do Rio de Janeiro).

Camarano, João Baptista Capelli. *Da alimentação nas primeiras idades. Estudo crítico sobre os diferentes métodos de aleitamento.* Rio, 1884 (tese apresentada à Fac. de Med. do Rio de Janeiro).

Lavradio, Barão do. *Parecer sobre a memória do Dr. José Maria Teixeira, causas da mortalidade de crianças no Rio de Janeiro.* 1887.

Teixeira, José Maria. *Causas da mortalidade das crianças do Rio de Janeiro.* Memória apresentada à Imperial Academia de Medicina em resposta a esta questão posta a prêmio na sessão de 6 de julho de 1886, e laureada com o 1.° prêmio em sessão magna de 30 de julho de 1887. Rio, 1888.

Vasconcelos, Carlos Rodrigues. *Higiene escolar. Suas aplicações à cidade do Rio de Janeiro.* Rio, 1888 (tese de concurso apresentada à Fac. de Med. do Rio de Janeiro).

Magalhães, Alfredo Ferreira. *Da alimentação das crianças em geral.* Salvador, Imp. Econômica, 1895 (tese apresentada à Fac. de Med. da Bahia).

Amorin, Joaquim Bello de. *Hygiene alimentar da primeira infância.* Rio, Guimarães, 1901 (tese apresentada à Fac. de Med. do Rio de Janeiro).

Cabral Neto, Alcebíades. *Da alimentação nas primeiras idades. Estudos críticos sobre diferentes métodos de aleitamento.* Salvador, São José, 1912 (tese apresentada à Fac. de Med. da Bahia).

Pereira, Carlos Alberto Duarte. *Higiene escolar.* Rio, Jornal do Brasil, 1912 (tese apresentada à Fac. de Med. do Rio de Janeiro).

Borba Júnior, Antonio Azevedo. *O aleitamento materno sob o ponto de vista médico-social...* Salvador, Liceu de Artes e Ofícios, 1912 (tese apresentada à Fac. de Med. da Bahia).

Guerios, Francisco José. *Aleitamento...* Curitiba, 1922 (tese apresentada à Fac. de Med. do Paraná).